Anna Kistler/Stefanie Schneider

Illustrationen:
Edith Zeller/Anja Lindemann

Rechnen ohne Stolperstein

Band 2A

Zahlenraum 7 bis 10

Arbeitsheft/Fördermaterial

BRIGG Pädagogik

Gedruckt auf umweltbewusst gefertigtem, chlorfrei gebleichtem
und alterungsbeständigem Papier.

1. Auflage 2009
Nach den seit 2006 amtlich gültigen Regelungen der Rechtschreibung

ISBN 978-3-87101-**489**-5 www.brigg-paedagogik.de

Inhaltsverzeichnis

Vorbemerkungen

Eltern und LehrerInnen nehmen oft Probleme beim Erlernen des Rechnens nicht wahr, die für Kinder zum Stolperstein werden können.

Die Gesetzmäßigkeiten der Mathematik eignen sich hervorragend zum eigenen Entdecken. Die Darbietung des Unterrichtsstoffes in Schulbüchern bietet Kindern mit Schwierigkeiten beim Rechnen aber in der Regel zu wenig Struktur. Damit auch Kinder mit Problemen zum Nachdenken ermutigt werden, müssen Beispiele angeboten werden, die überschaubar sind, sich in Zahlenräumen bewegen, die für die Kinder erfassbar sind und besondere Schwierigkeiten gesondert thematisieren. Kinder können so ihr Vorwissen aktivieren und auf höhere Zahlenräume übertragen.

Im numerischen Bereich stolpern viele Kinder beim Übergang vom konkret-anschaulichen zum abstrakten Rechnen. Das Zählen mit den Fingern oder Rechendrill helfen da nicht weiter. Mit der Verwendung der Mengenbilder in Zweieranordnung, die sehr einprägsam ist, wird den Kindern eine „Brücke" zur Abstraktion geboten. Ihr abstraktes Denken wird durch anschauliche Mengenbilder unterstützt und geprägt, mit denen sie dann zu „wirklichen" mathematischen Operationen (nicht zum Dazuzählen mit den Fingern etc.) fähig sind. Zudem eignen sich diese Mengenbilder dazu, den erweiterten Zahlenraum in unserem Dezimalsystem auf anschauliche Weise aufzubauen.

Durch die Zweieranordnung der Mengen können besondere Schwierigkeiten wie z. B. die Zehnerübergänge anschaulich dargestellt werden. Die Ursprünge der Zweieranordnung gehen auf Kühnel in den zwanziger Jahren zurück.[1] Die ,,Formzahlbilder" wurden von Prof. Dr. Schröter erprobt.[2]

Jede Menge wird mit einem einprägsamen „Standard" (Margarita Wittoch) verbunden, an den sich ein Thema anschließt (z.B. Thema „Spielen" bei der Menge 5 in Anlehnung an den Standard „Hand"). In den höheren Zahlenräumen werden Themen verwendet, die im Unterricht gezielt bei der Einführung eines neuen Lernschritts zum Entdecken durch Handeln anregen sollen.

Der immer gleiche Aufbau der Mengen und Übungsformen kommt Kindern mit Rechenproblemen entgegen. Er ermöglicht es ihnen, die Aufmerksamkeit innerhalb der einzelnen Lernschritte auf Inhalte zu richten. Sie können so im eigenen Tempo, relativ selbstständig, im Stoff voranschreiten.

1 Vgl. KÜHNEL, J.: Neubau des Rechenunterrichts, Leipzig 1922, Verlag Klinkhardt
2 Vgl. SCHRÖTER, G.: Mathematik in der Grundschule - Die Methode der Formzahlbilder, Regensburg 1989, Wolf Verlag

Ausgewählte weiterführende Literatur

ABELE, A., KALMBACH, H. u.a. (1993): Handbuch der Grundschulmathematik. 1. und 2. Schuljahr. Stuttgart

ASTER, M. v .LORENZ, J.H. (Hrsg.) (2005): Rechenstörungen bei Kindern. Göttingen (Vandenhoek & Ruprecht)

DIMIDI - Deutsches Institut für medizinische Dokumentation und Information (Hrsg.) (1994)

FRITZ, A. RICKEN, G. SCHMIDT, S. (Hrsg.) (2003): Rechenschwäche. Weinheim , Basel, Berlin (Betz)

GANSER, B. (Hrsg.) (1995): Rechenstörungen (1. Aufl.). Donauwörth (Auer)

GANSER, B. (Hrsg.) (2004): Rechenstörungen (5. überarb. u. Aufl.). Donauwörth (Auer)

GERSTER, H.-D. (1982): Schülerfehler bei schriftlichen Rechenverfahren. Freiburg (Herder)

GRISSEMANN, H. WEBER, A. (1990): Grundlagen der Praxis der Dyskalkulietherapie. Stuttgart (Huber)

ICD-10, Internationale statistische Klassifikation der Krankheiten und verwandter Gesundheitsprobleme. Bd. 1. Stand August 1994. Bern: Huber, S. 387.

KÜHNEL, Johannes. (1922): Neubau des Rechenunterrichts. Leipzig (Klinkhardt)

LORENZ, J. H., RADATZ, H. (1993): Handbuch des Förderns im Mathematikunterricht. Hannover (Schroedel)

SCHRÖTER, Gerhard (1989): Mathematik in der Grundschule - Die Methode der Formzahlbilder,` Regensburg (Wolf)

Hinweise zur Arbeit mit Band 2A und 2B

Da Handlungen Voraussetzungen für das Verständnis des symbolischen und abstrakten Rechnen sind, haben wir für alle Mengen je ein Thema aus dem Erfahrungsbereich der Kinder ausgewählt. Mit diesem lassen sich mit wenig Aufwand vielfältige Spielsituationen schaffen, in denen die Kinder mathematische Strukturen erkennen können. Zudem wirken diese Situationen als Anker, die ein späteres Abrufen erleichtern (vgl. auch Wittochs Standards).

In unserem Dezimalsystem ist es von entscheidender Bedeutung, im Mengenbereich bis 10 sicher zu sein. Alle weiteren Zahlenräume lassen sich analog erschließen. Das Zerlegen und Ergänzen der Mengen bis 10 ist die wichtige Voraussetzung für die Durchführung des Zehnerübergangs. Kinder mit besonders großen Problemen sind mit dem Zerlegen bzw. Ergänzen in Form von Gleichungen oft überfordert. Deshalb verzichten wir zu Beginn jeder Menge auf Gleichungen. Das Zerlegen als Handlung dient hier der Festigung des Zahlenraums.

Das Lösen von Sachaufgaben ist für einige Kinder kaum zu bewältigen. Eine mögliche Strukturierungshilfe ist die Anwendung der bereits bei der Seriation verwendeten Verbalisierung in Verbindung mit Platzhaltern für die zu notierende Gleichung.

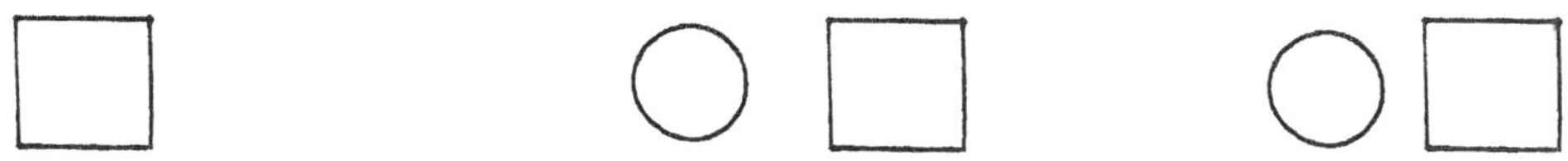

Wie viele sind am Anfang da? — Was passiert? — Wie viele sind es am Schluss?

Anhand von spielbaren Beispielen können die Kinder selbst herausfinden, welche mathematischen Operationen dargestellt werden. „Rechnen ohne Stolperstein" beschränkt sich hier auf wenige ausgewählte Beispiele, deren Prinzipien durch vielfältige Handlungen im Unterricht überprüft werden können.

Beispiel zur Menge 8: Thema Geburtstagsfeier: 5 verpackte Geschenke stehen schon auf einem Tisch, 3 Kinder kommen noch mit je einem Geschenk dazu, Gleichung wird notiert (5+3=8).

In Band 2 B werden Grundlagen für das Verständnis des Dezimalsystems gelegt. Die Begriffe Zehner („volle Zehnerschachteln") und Einer müssen durch vielfältige Handlung gesichert werden. Beim Thema „Schule" lassen sich zahlreiche Materialien hierfür finden (z. B. 10er Packungen Filzstifte). Auch sollten rechenschwache Kinder nur Zehner bündeln, andere Mengenbündel verwirren unserer Erfahrung nach. Die Farbhilfe (Zehner rot, Einer blau) unterstützt dies und beugt Schwierigkeiten beim richtigen Schreiben der Zahlen vor.[1]

Weiterhin zentral ist im Zahlenraum 20 die erste Begegnung mit dem Zehnerübergang, der hier verstanden werden muss und später auf komplexere Aufgaben übertragen wird. Nach Handlung an konkreten Materialien bieten die Rechenplättchen eine sehr anschauliche, klare Form der Vermittlung. Eine immer gleichbleibende Verbalisierung unterstützt das Verständnis (z. B. Wie viele innen, wie viele außen?). Zur Orientierung bei der Zerle-

1 Vgl. „visuell-arabisches Modul" des „Triple Code Modells" nach DEHAENE beschrieben in: ASTER, M.v.LORENZ, J.H. (Hrsg.) (2005): Rechenstörungen bei Kindern. Göttingen (Vandenhoek & Ruprecht)

gung haben wir die sog. Zehnerschachtel als rot zu malenden Rahmen in die Notation aufgenommen.

Der Band enthält auch Anregungen, wie Kinder verschiedene Rechenwege finden können (z. B. „Zehnertrick"). Anspruchsvollere Aufgaben, in denen das mathematische Verständnis der Mengen und ihrer Teile besonders wichtig ist, wurden u.a. mit den sogenannten Denk- und Umkehraufgaben eingefügt. Als Abrufhilfe für die Kinder haben wir Symbole gewählt, die sich auf die jeweilige Einführungssituation beziehen, z. B. überkreuzte Hände bei den Tauschaufgaben.

„Rechnen ohne Stolperstein" bietet den Kindern viele Anlässe, den Unterrichtsstoff durch eigene Aktivität zu durchdringen und zu vernetzen. Durch die Beibehaltung der Begrenzung von Zahlenräumen (Mengen bis 6, 7, … ZR bis 20 …) können auch Kinder mit Rechenproblemen Sicherheit gewinnen und eigene, sinnvolle Rechenstrategien entwickeln.

Hinweise zum Umgang mit den Rechenplättchen

Zu „Rechnen ohne Stolperstein“ gibt es strukturiertes Rechenmaterial („Rechenplättchen“), das die Kinder beim Lernen unterstützt. Es folgen nun einige Hinweise zum Einsatz dieser Rechenplättchen:

Dem Einsatz der Rechenplättchen müssen konkrete Handlungen aus dem Erfahrungsbereich der Kinder vorausgehen. Besonders bei jedem neuen Rechenschritt sollte konkret gehandelt werden. Anregungen hierzu finden sich in den Einführungen der Rechenhefte, z. B. das Thema „Die sieben Zwerge“ bei der Zahl 7.

Addition:

Eine neue Menge entsteht durch Zusammenschieben zweier Plättchen. Sie werden so aneinander gelegt, dass bei der Summe die Gestalt der Zweieranordnung erhalten bleibt.

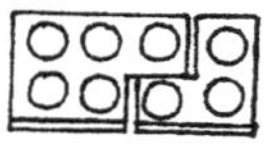

5+3

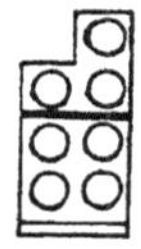

4+3

Subtraktion:

Die Ausgangsmenge wird mit Plättchen gelegt. Die Menge,die abgezogen werden soll, wird mit der jeweiligen Minusfolie (auf diese Weise bleibt die Gleichung ersichtlich) oder mit dem entsprechenden Plättchen abgedeckt.

4-3

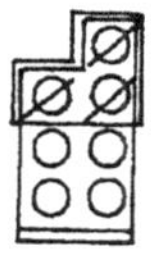

Zerlegen:

Die Ausgangsmenge wird mit Plättchen gelegt. Die vorgegebene Teilmenge wird mit einer Bleischnur, einem Stift, einem Band o. ä. abgetrennt, die Zerlegung in zwei Mengen wird sichtbar. Die Zerlegungsmöglichkeiten der Mengen bis 9 sind wichtige Voraussetzungen für den Zehnerübergang!

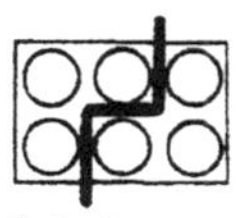

6=3+3

Ergänzen:

Für jede Menge gibt es auf der Kopiervorlage ein Kästchenraster als Platzhalter für die Endmenge. Zunächst wird die Endmenge festgestellt, der richtige Platzhalter gewählt. Die gegebene Teilmenge wird mit Mengenplättchen darauf gelegt, die fehlende Teilmenge wird ersichtlich und kann ergänzt werden.

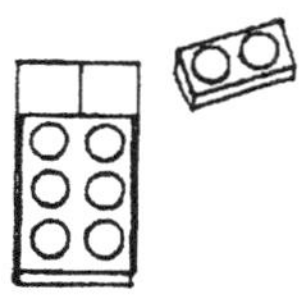

6+ □=8

Zum Rechnen bis 20

Zehnerschachtel: Sie symbolisiert die Bündelung des Zehners, unterstützt durch die Signalfarbe Rot („Deckel zu – Zehner voll“). Operationen ohne Zehnerübergang: Siehe oben, Zahlen bis 10, jedoch mit gefüllter Zehnerschachtel und Einern.

Zehnerübergang +

In die offene Zehnerschachtel wird die Ausgangsmenge (1. Summand) gelegt. Die zu addierende Menge (2. Summand) kommt zur Ausgangsmenge in die Zehnerschachtel. Es wird ersichtlich, in welche Teilmengen der 2. Summand zerlegt werden muss.
Die Zehnerschachtel wird aufgefüllt, der Deckel geschlossen, die Restmenge außen dazugelegt. („Wie viele innen, wie viele außen?“). Meist genügt es aber den zweiten Summanden dazuzulegen, durch das Überstehen wird die Restmenge ersichtlich.

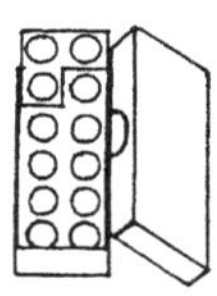

9+3

Zehnerübergang –

Die Ausgangsmenge (Minuend) wird mit Zehnerschachtel und Einerplättchen gelegt. Zehnerschachtel und Einer werden direkt aneinander geschoben. Die Menge die abgezogen werden soll (Subtrahend), wird mit der Minusfolie (oder dem entsprechenden Plättchen) abgedeckt. Die Schachtel muss hierzu geöffnet werden. Die Subtraktion in zwei Schritten wird deutlich („Wie viele außen, wie viele innen? Wie viele bleiben übrig?“). Im Fall ungerade minus gerade Zahl kann der Subtrahend zerlegt werden oder der nicht erfasste Einer wird in der Schachtel mit dem Finger abgedeckt. Diese Aufgaben nicht bei der ersten Begegnung mit diesem Thema benutzen!

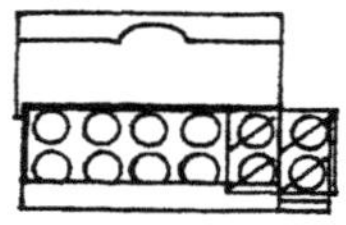

12-4

Für Kinder mit sehr großen Verständnisschwierigkeiten sollten die Zehnerübergänge bei Zerleg- und Ergänzungsaufgaben nicht thematisiert werden!

Zehnerübergang Ergänzen

Die Endmenge wird festgestellt, das Kästchenraster für die Menge 10 wird in die Zehnerschachtel gelegt, das Kästchenraster für die Einermenge daneben. Die gegebene Teilmenge kommt in die Schachtel, jetzt ist zu sehen, welche Menge in der Schachtel, welche außen, welche insgesamt ergänzt wird.

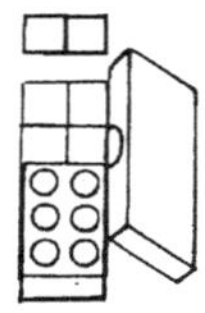

6+ □=12

Zehnerübergang Zerlegen

Die Ausgangsmenge wird mit Plättchen gelegt. Um die gegebene Teilmenge mit der Bleischnur abtrennen zu können, muss die Zehnerschachtel geöffnet werden. Deutlich zu sehen ist, wie sich die zweite Teilmenge zusammensetzt („Wie viele innen, wie viele außen?)

Allgemeine Hinweise:

Äußere Ordnung ist eine wichtige Orientierungshilfe beim Rechnen:

- Zu Beginn jeder Rechenstunde sollten die Plättchen geordnet auf dem Arbeitstisch/ -teppich liegen.
- In die grüne Schachtel (Hunderterschachtel) geordnet, ergeben immer zwei Mengen 10 (1/9, 2/8, 3/7 usw.).
- Der Deckel der 100-er Schachtel kann als Arbeitsbegrenzung (Legefläche) für die aktuelle Aufgabe benutzt werden.

Die 7 Zwerge

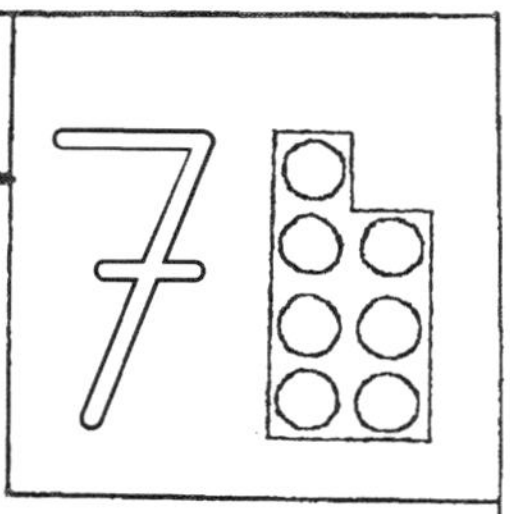

Male nur aus, was für alle Zwerge reicht!

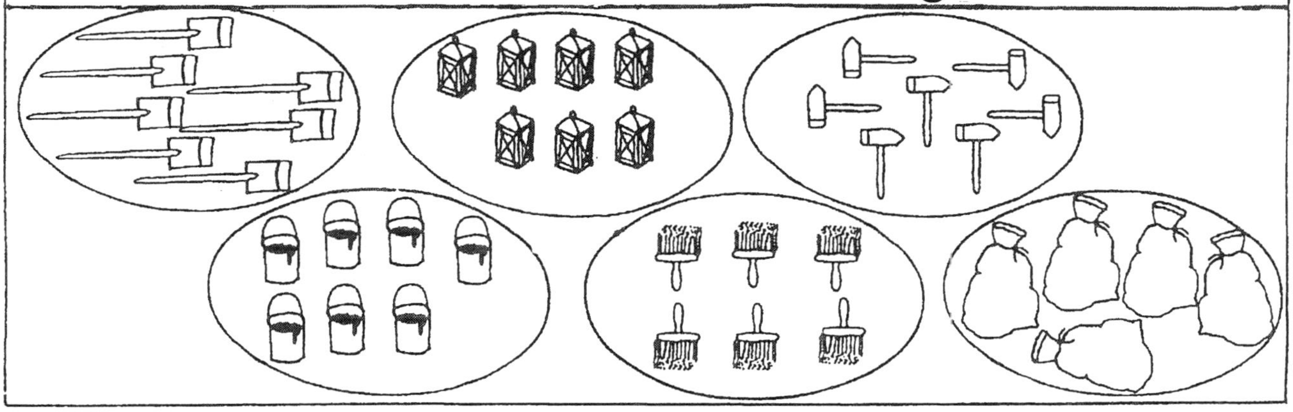

Male immer 7 Mützen in einer Farbe!

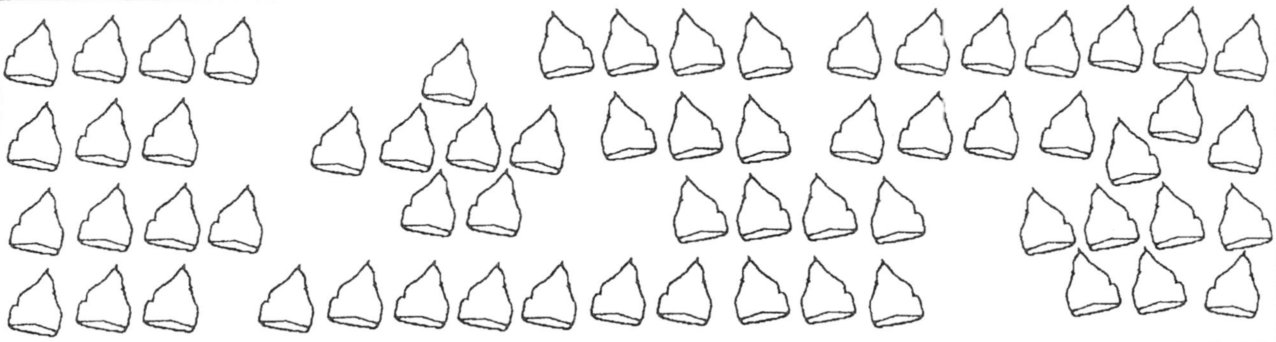

Male immer 7 Dinge in die Teller!

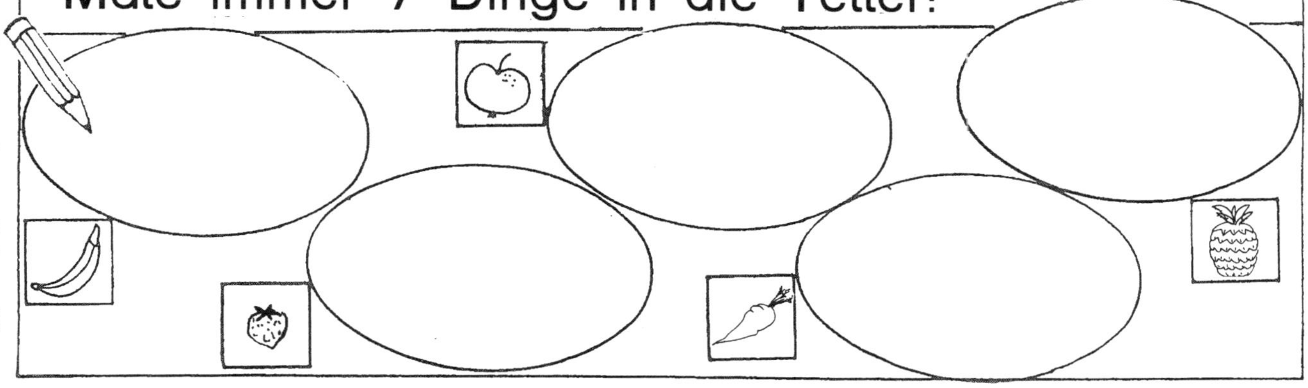

Kistler/Schneider: Rechnen ohne Stolperstein · Band 2A

Male alle 7er Plättchen an!

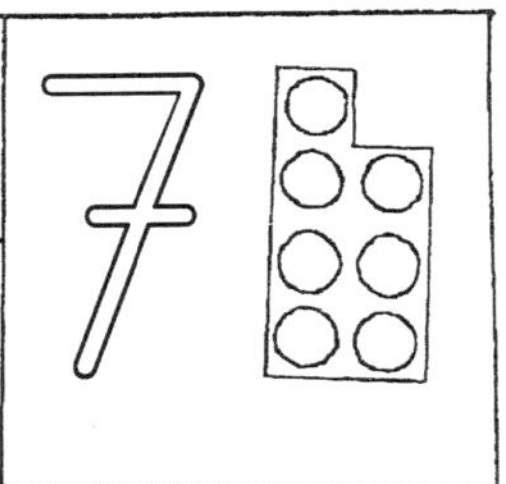

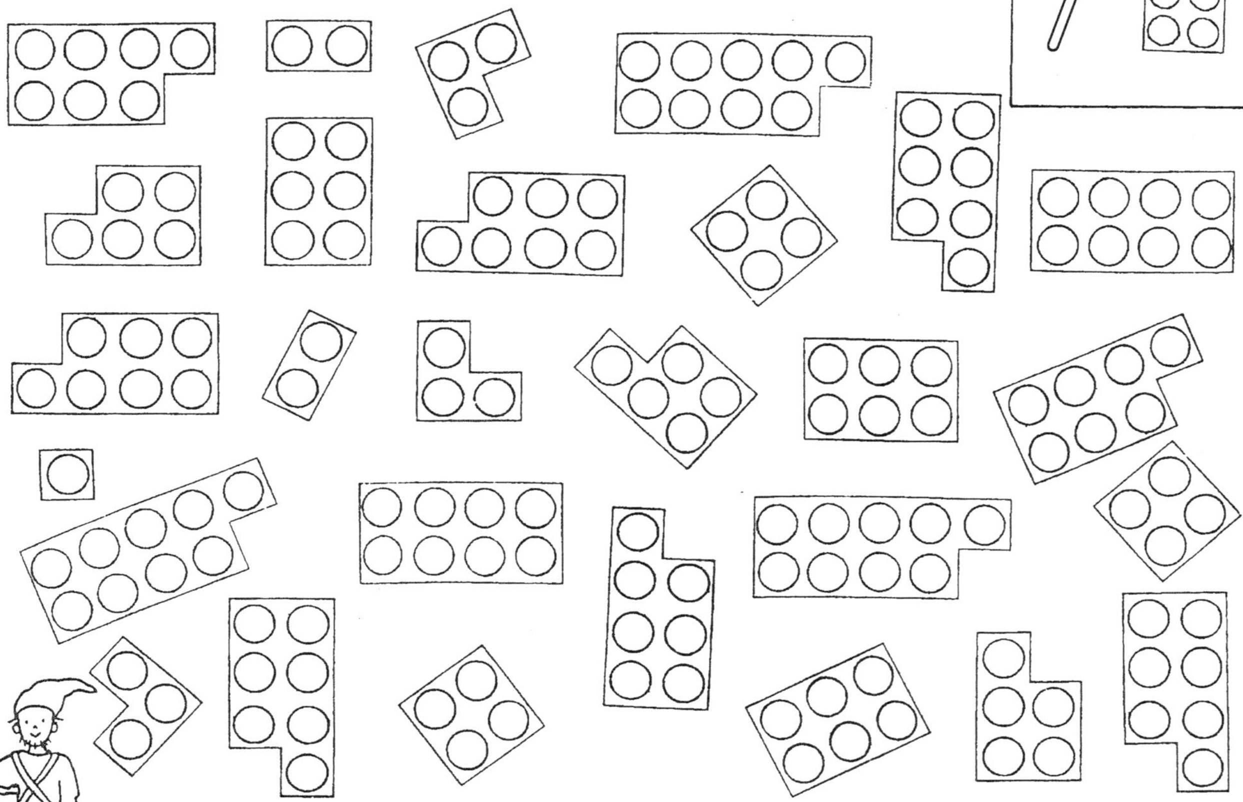

Male ein Muster. Immer 7 in einer Farbe!

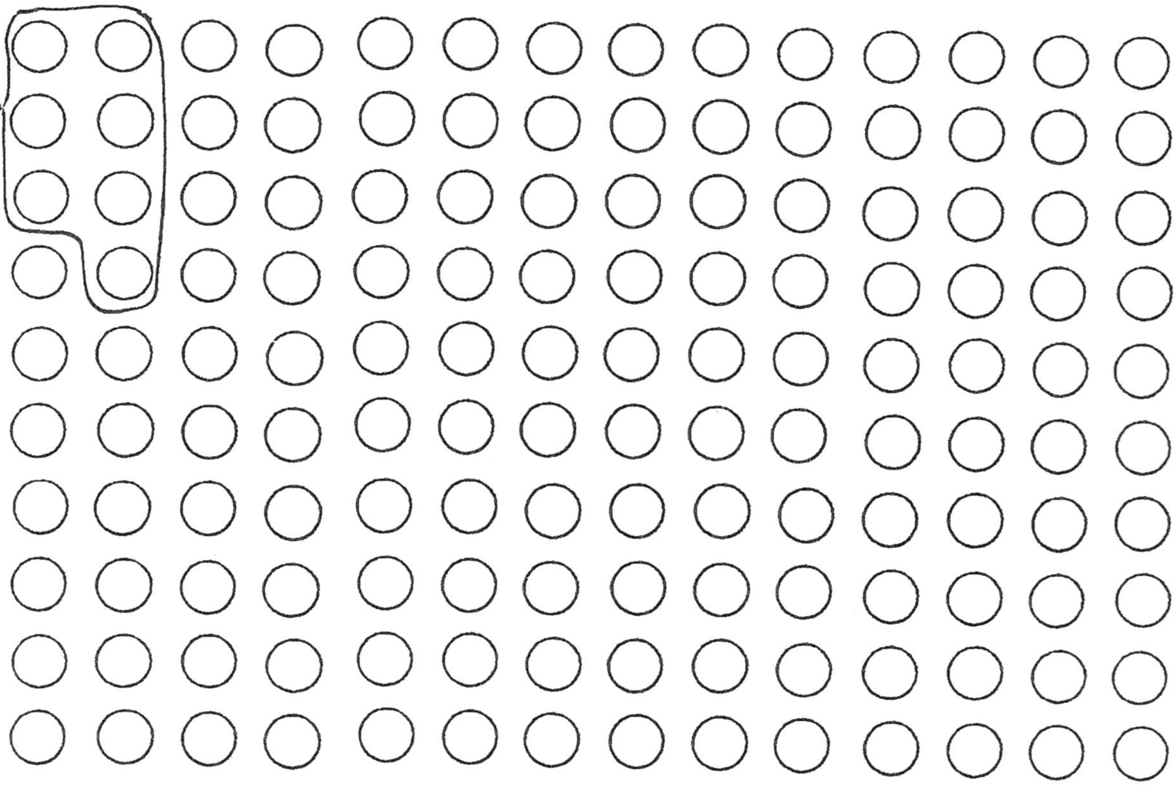

Spure nach und schreibe!

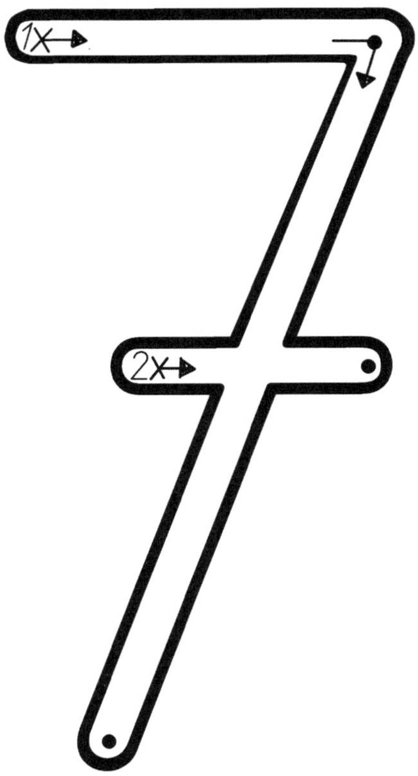

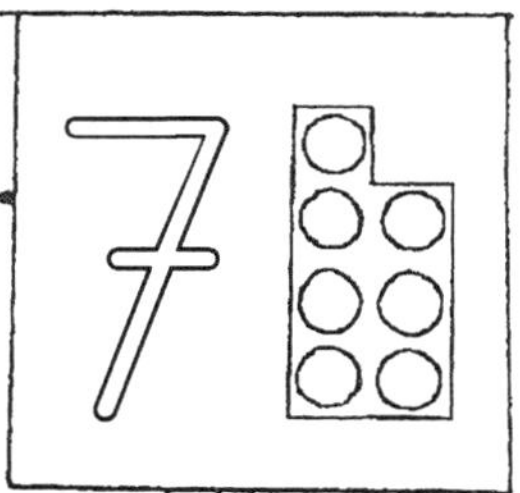

Male die Punkte in der Reihenfolge!

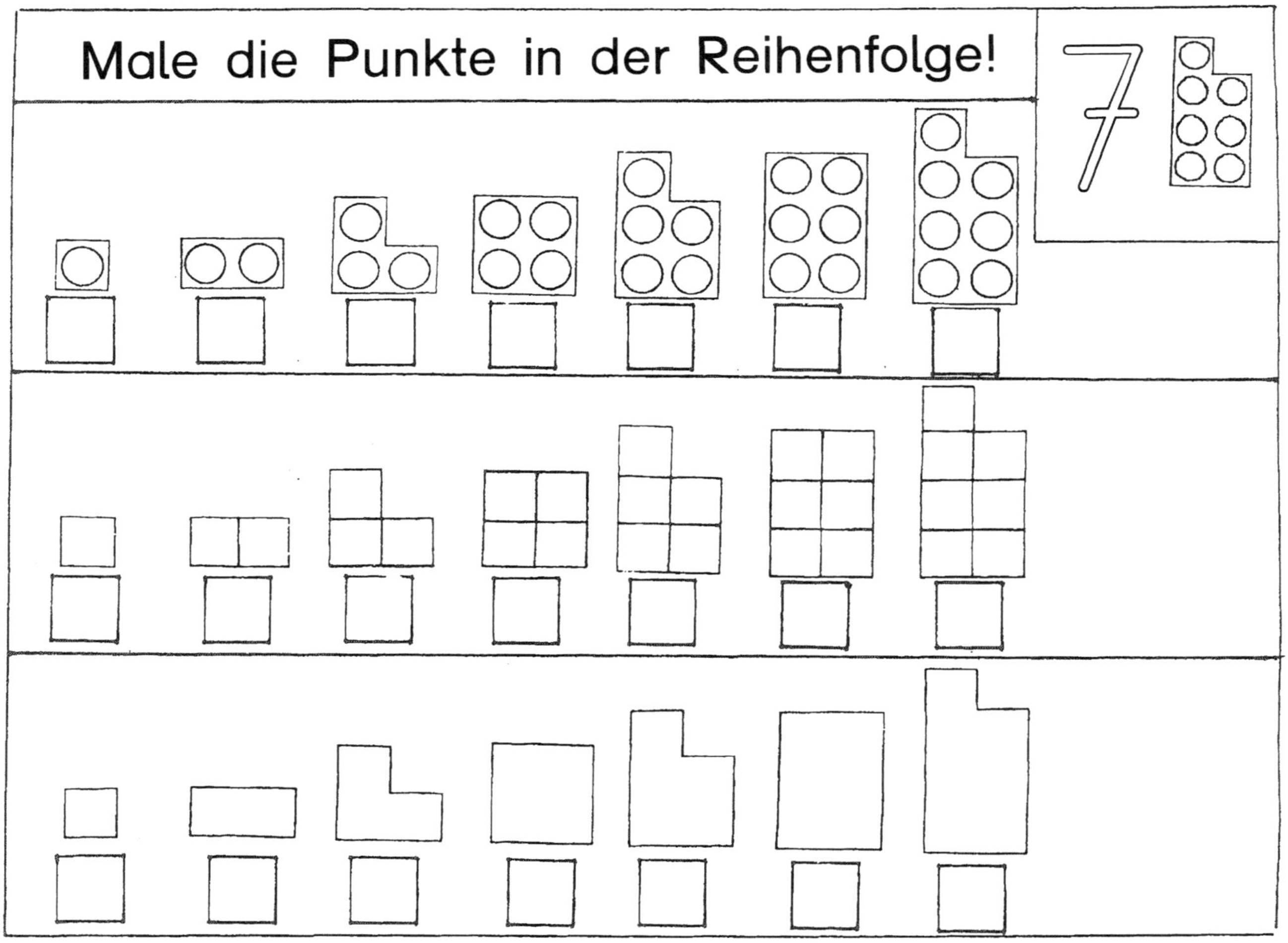

Verbinde in der richtigen Reihenfolge!

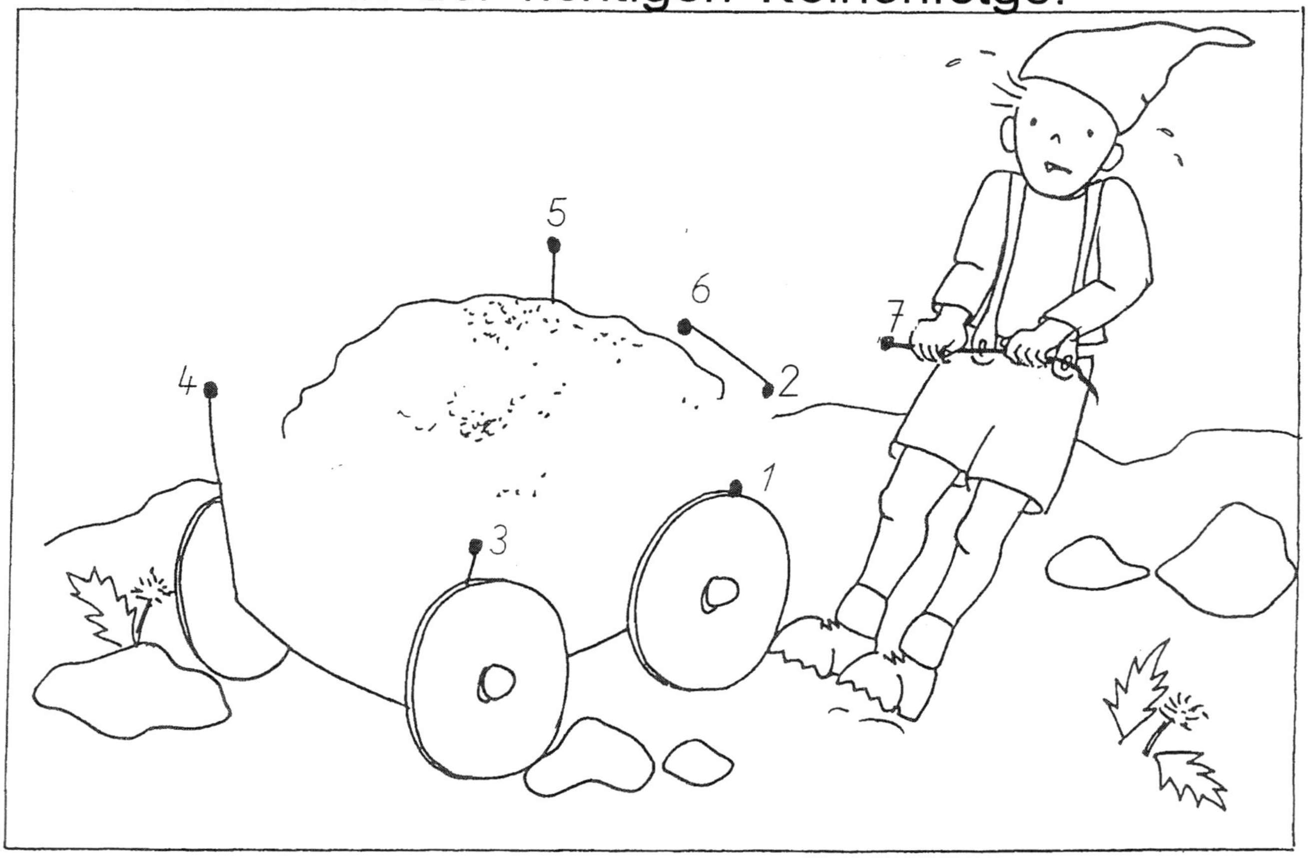

Du kennst dich bis 7 gut aus!

Welche Zahlen fehlen?

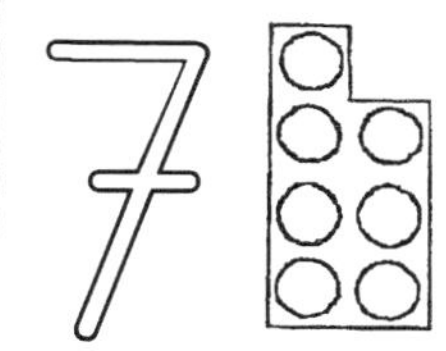

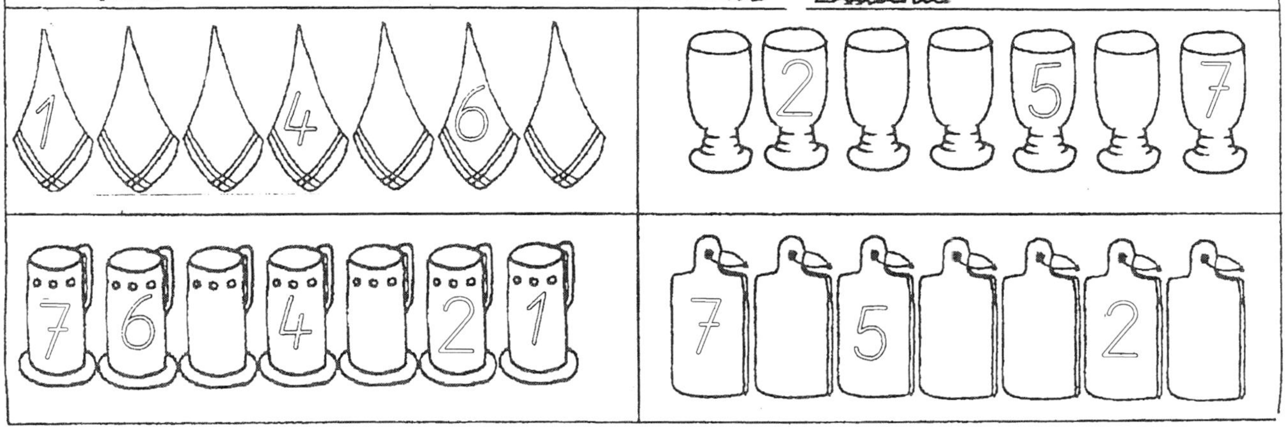

Nachbarn

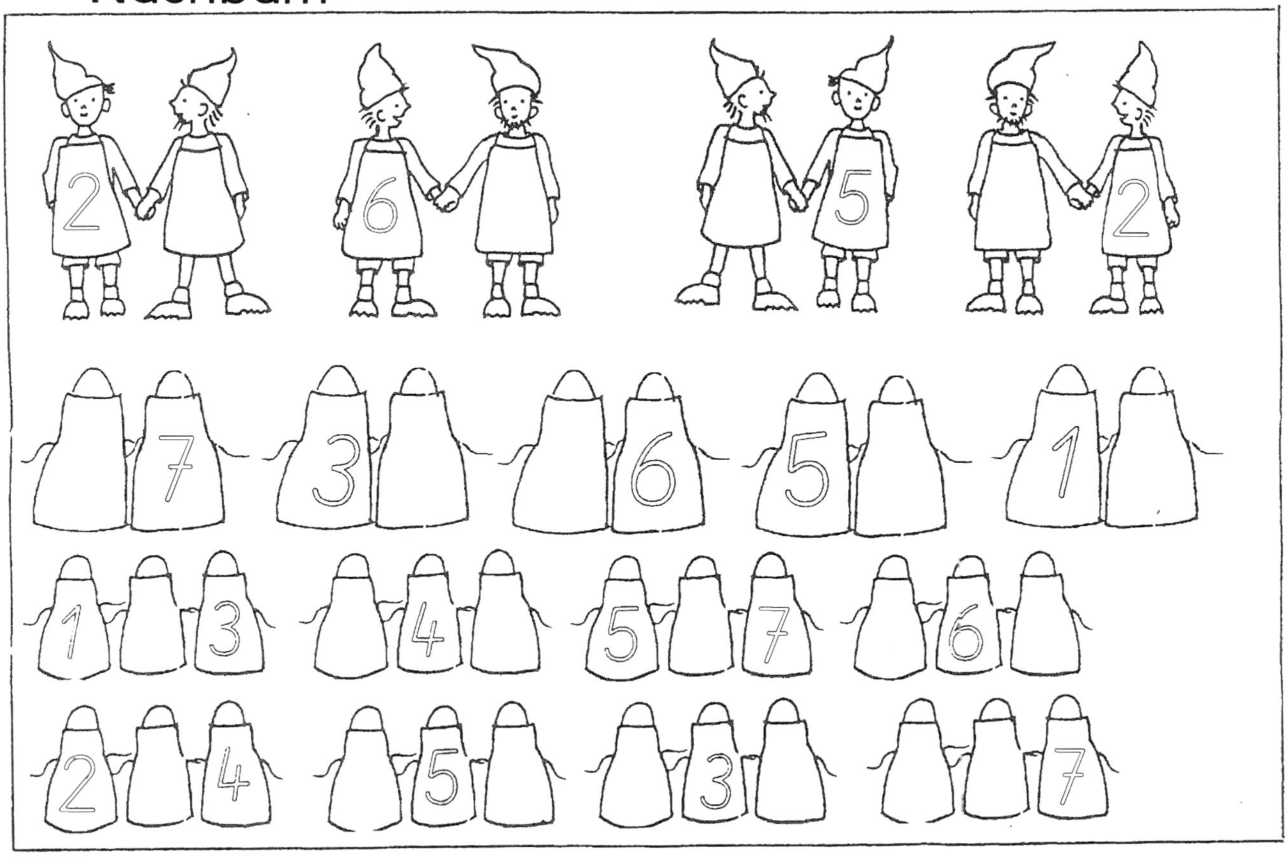

Wir vergleichen: 

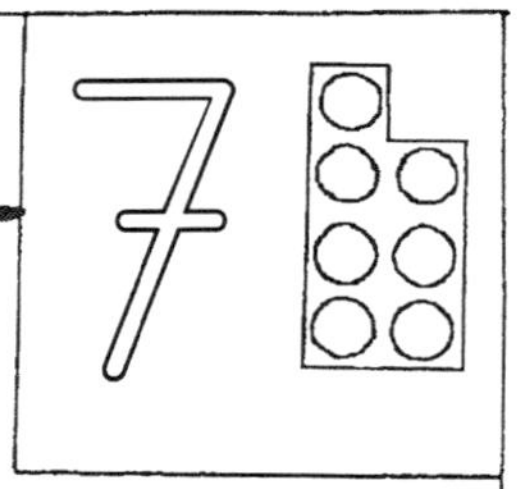

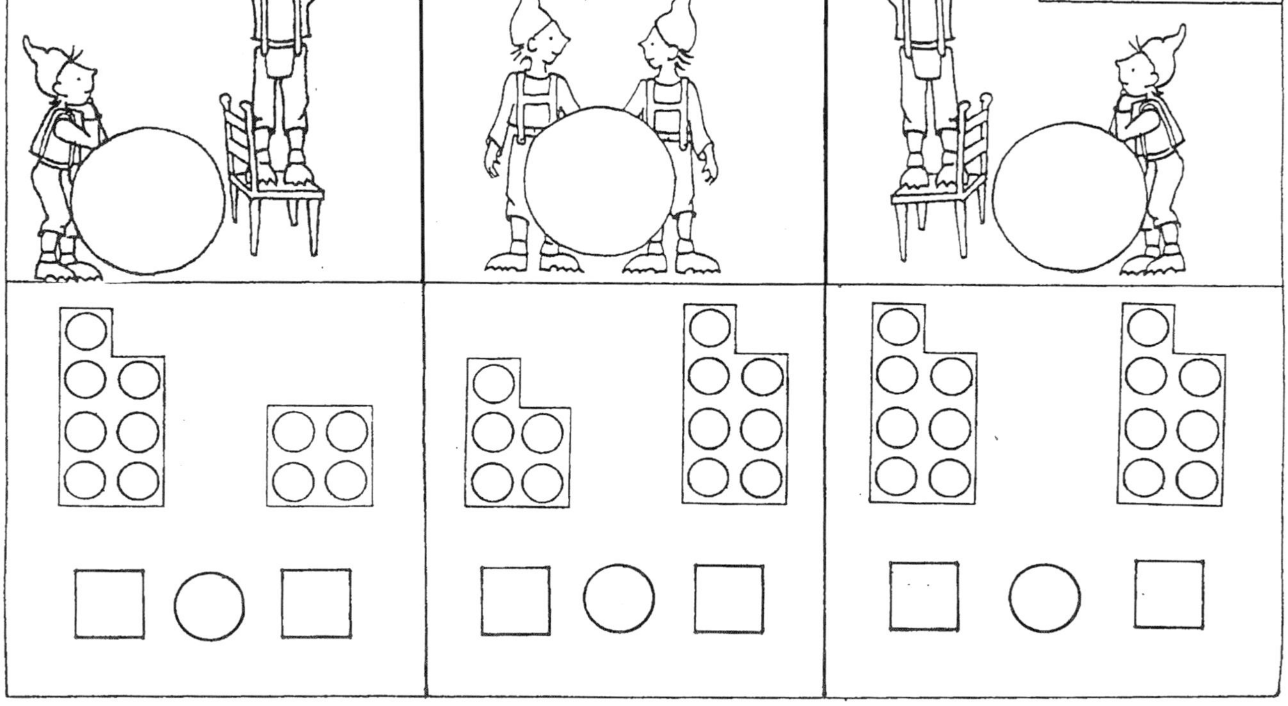

7 ○ 4	6 ○ 6	4 ○ 5	5 ○ 6
5 ○ 7	0 ○ 6	7 ○ 7	4 ○ 7
4 ○ 3	7 ○ 0	7 ○ 6	7 ○ 5
7 ○ 3	6 ○ 7	3 ○ 7	7 ○ 7

6 (=) □	4 (<) □	6 (<) □	5 (=) □
5 (<) □	7 (>) □	7 (=) □	6 (>) □
7 (>) □	6 (>) □	7 (>) □	3 (<) □

Zer legen

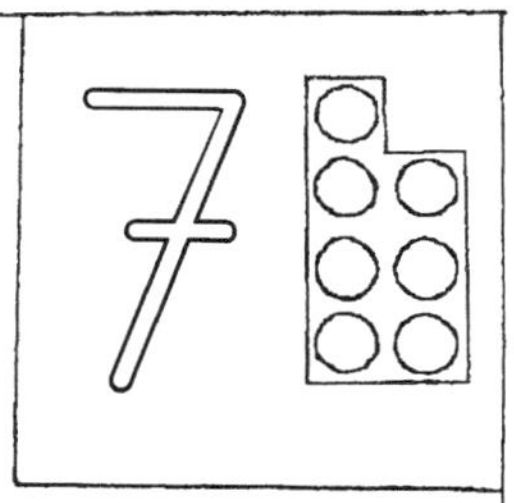

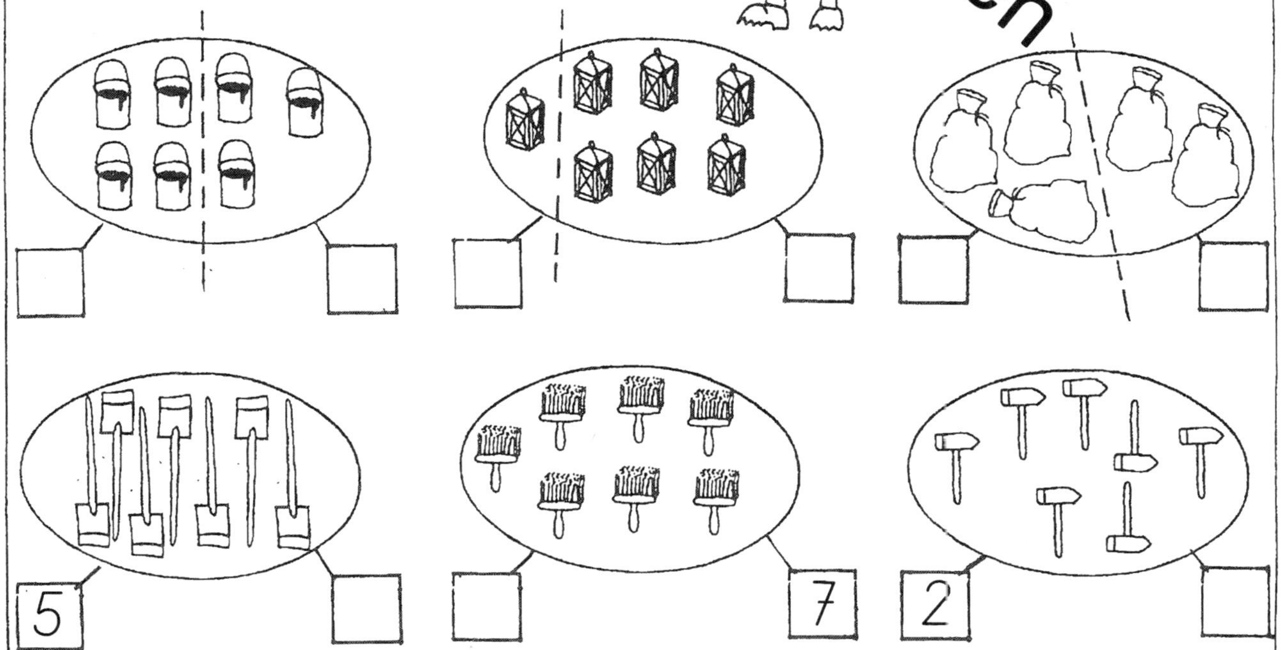

Wie ist die 7 aufgeteilt?

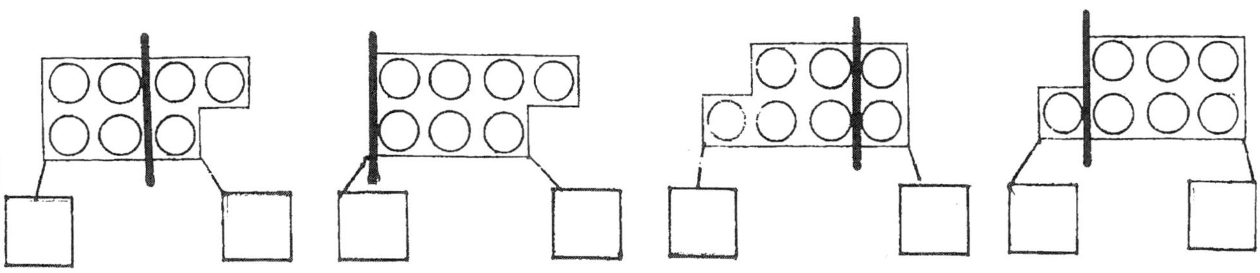

Teile selbst auf!

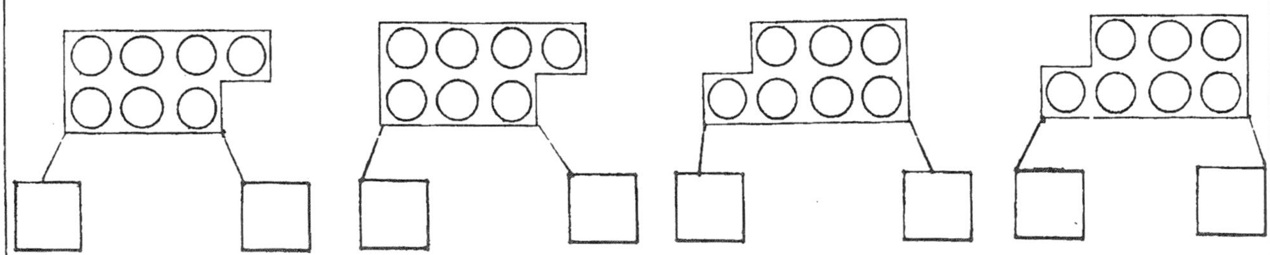

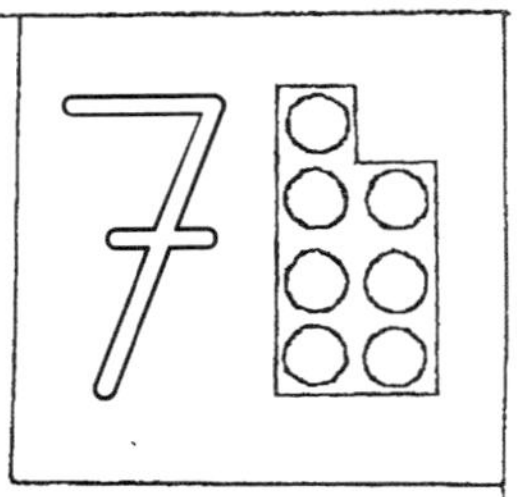

4 + 3 = □

□ ○ □ ○ □

□ ○ □ ○ □

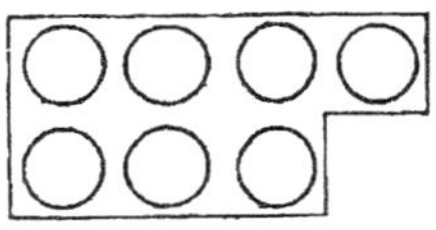

0 + 7 = □

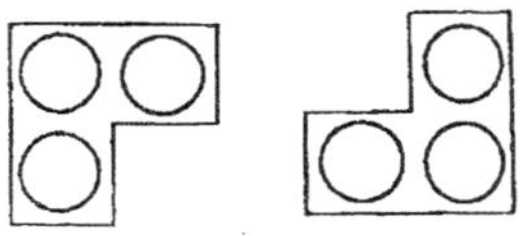

3 + 3 = □

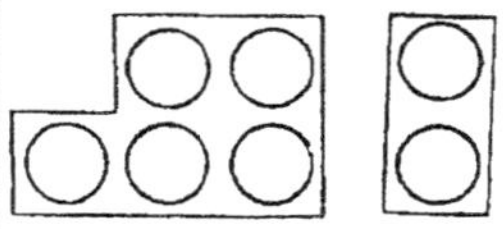

5 + 2 = □

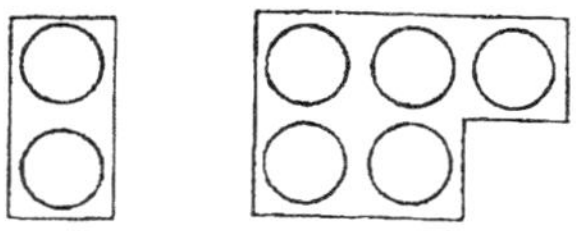

2 + 5 = □

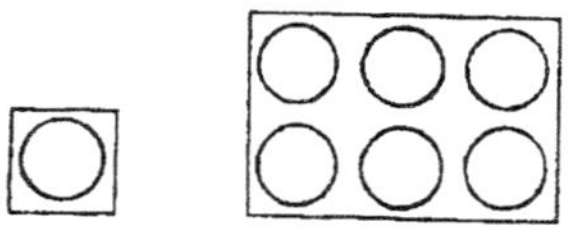

1 + 6 = □

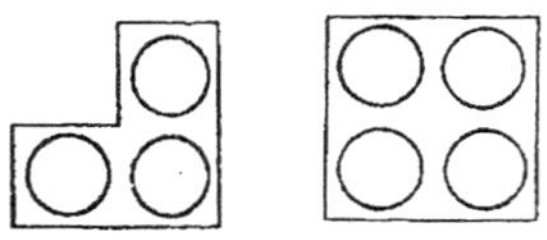

3 + 4 = □

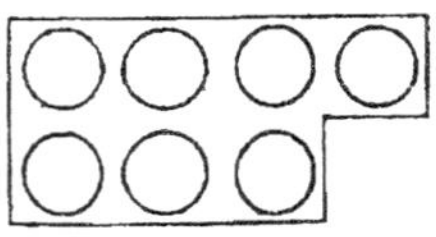

7 + 0 = □

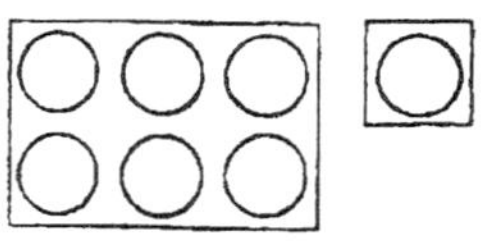

6 + 1 = □

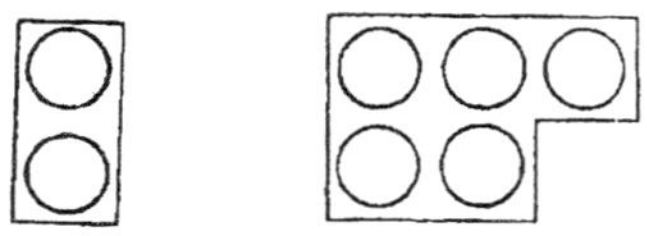

2 + 5 = □

Rechne und male!

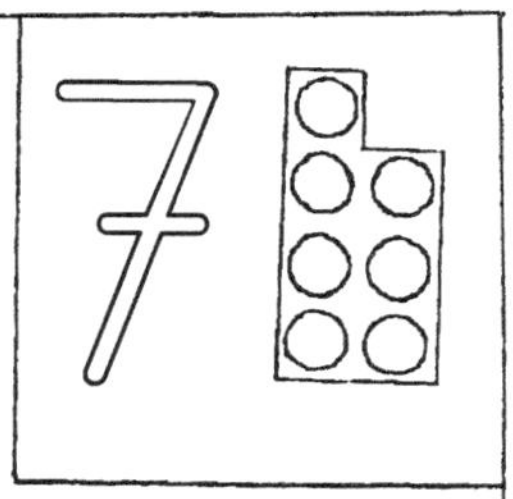

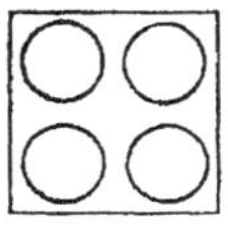 4 + 3 = ☐	 2 + 5 = ☐	
 1 + 6 = ☐	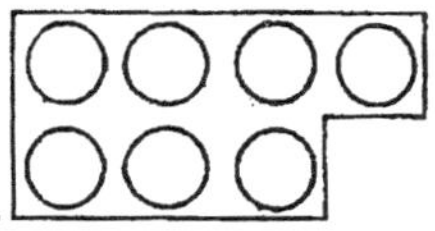 7 + 0 = ☐	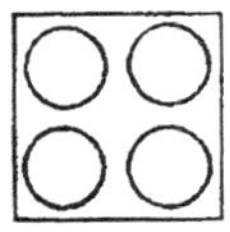 4 + 2 = ☐
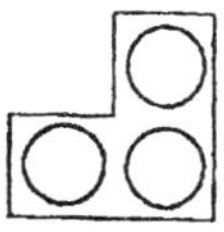 3 + 4 = ☐	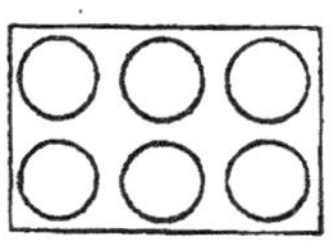 6 + 1 = ☐	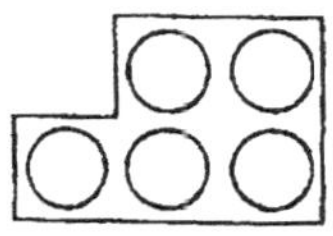 5 + 2 = ☐

Male die Rechnung!

5 + 1 = ☐	3 + 4 = ☐	1 + 6 = ☐
2 + 5 = ☐	5 + 2 = ☐	7 + 0 = ☐
6 + 1 = ☐	4 + 3 = ☐	0 + 7 = ☐

Wie heißt die Rechnung?

4 + 3 = □	5 + 2 = □	2 + 5 = □
4 + 2 = □	0 + 7 = □	2 + 3 = □
1 + 6 = □	3 + 3 = □	6 + 1 = □
7 + 0 = □	3 + 4 = □	2 + 4 = □
2 + 5 = □	3 + 4 = □	7 + 0 = □
5 + 1 = □	0 + 6 = □	0 + 7 = □
5 + 2 = □	6 + 1 = □	4 + 3 = □
4 + 1 = □	1 + 6 = □	1 + 5 = □

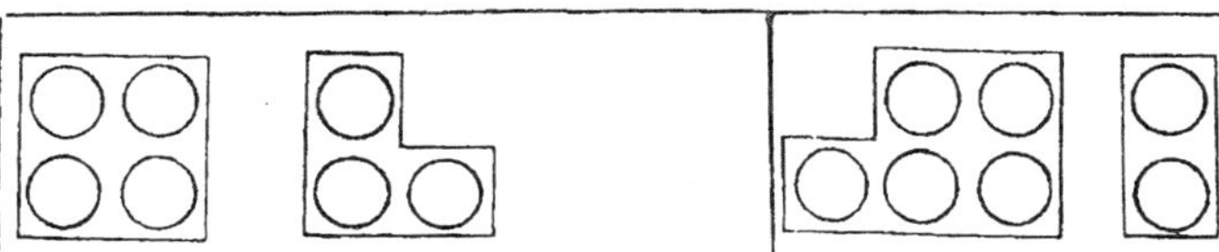

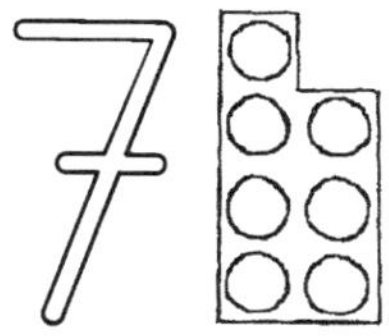

4 + 3 = □	5 + 2 = □	
4 + 3 = □	5 + 2 = □	6 + 1 = □
1 + 5 = □	4 + 1 = □	1 + 6 = □
2 + 5 = □	7 + 0 = □	3 + 4 = □
5 + 1 = □	0 + 7 = □	0 + 6 = □

1 + 4 + 2 = □	2 + 2 + 3 = □
2 + 3 + 2 = □	4 + 0 + 3 = □
3 + 1 + 3 = □	5 + 1 + 0 = □

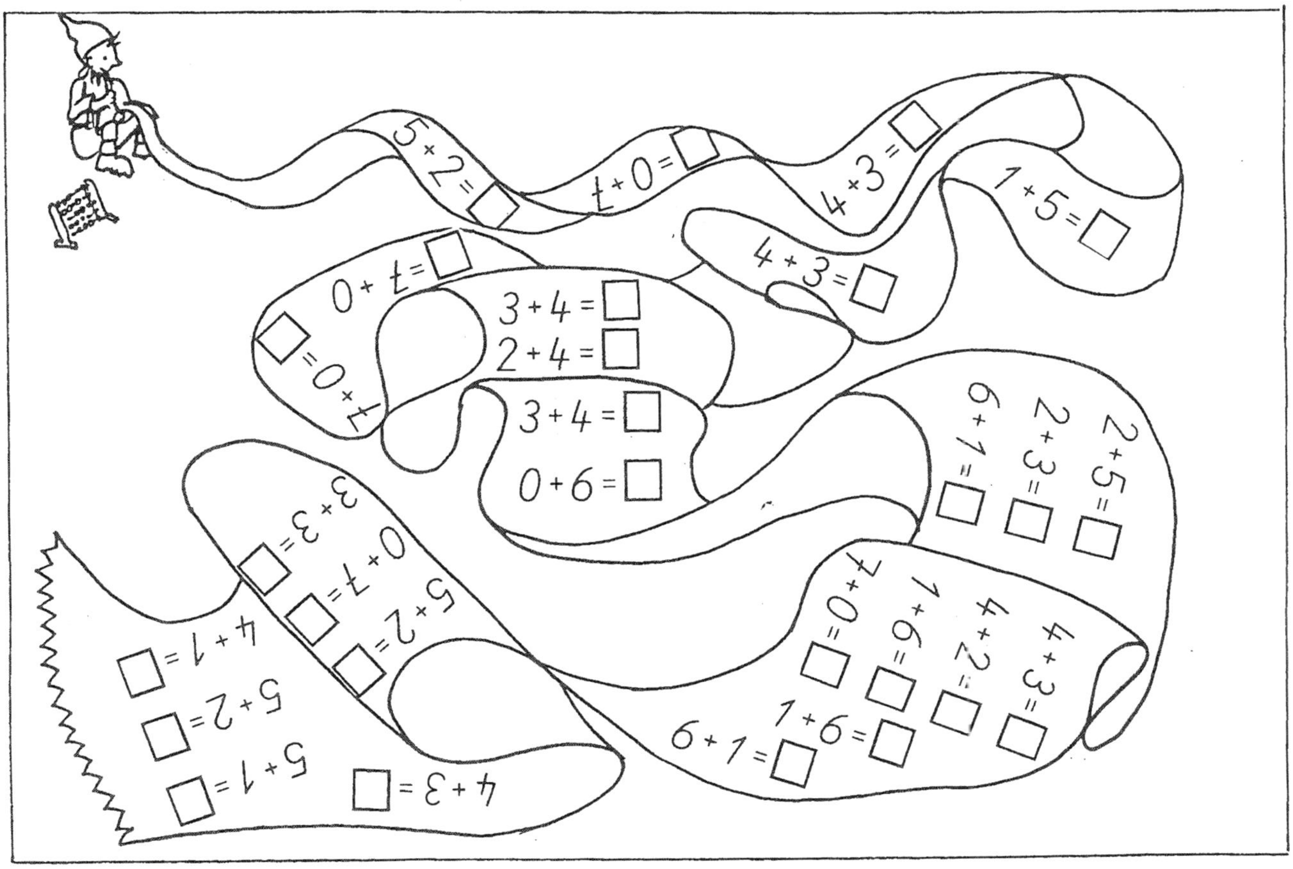

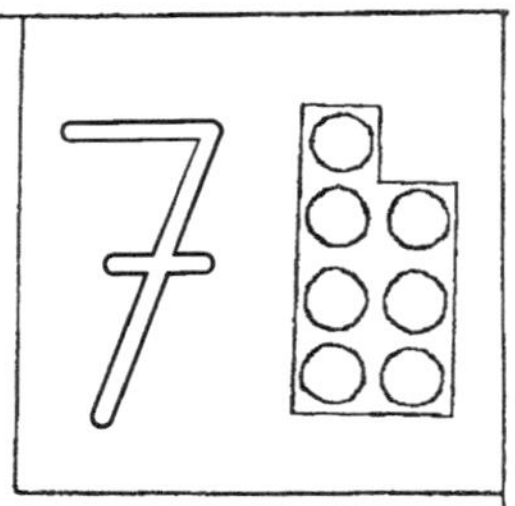

7 - 3 = □

□ ○ □ ○ □

□ ○ □ ○ □

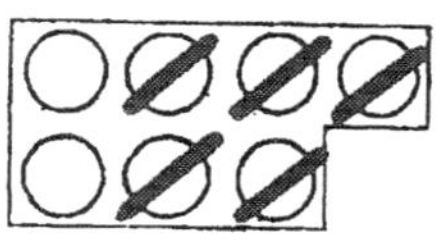

7 - 5 = □

7 - 3 = □

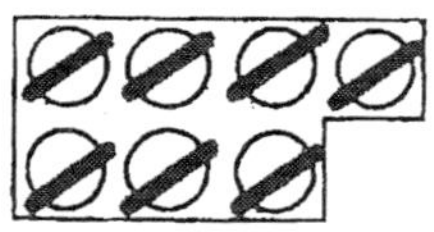

7 - 7 = □

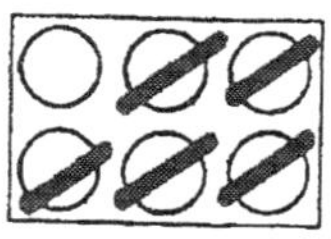

6 - 5 = □

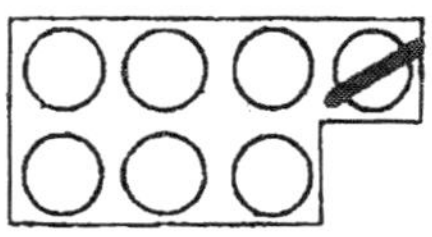

7 - 1 = □

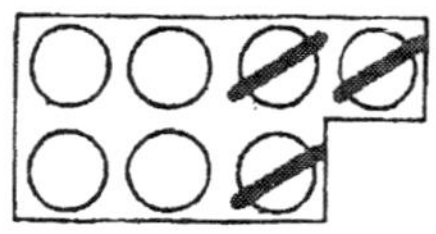

7 - 3 = □

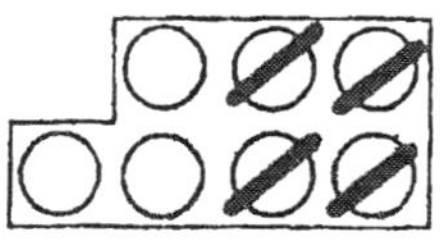

7 - 4 = □

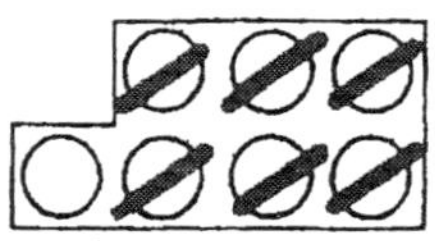

7 - 6 = □

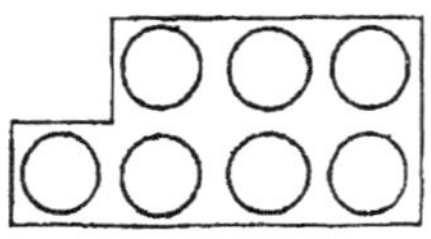

7 - 0 = □

Rechne und male!

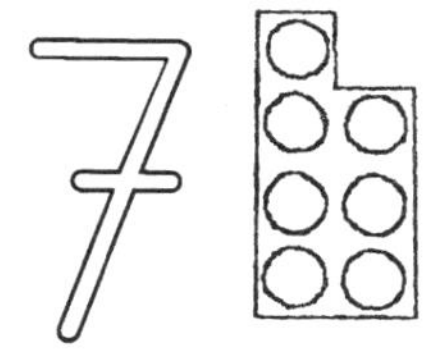

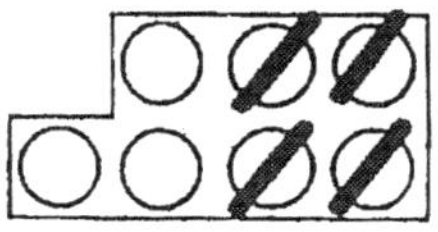

7 - 4 = □

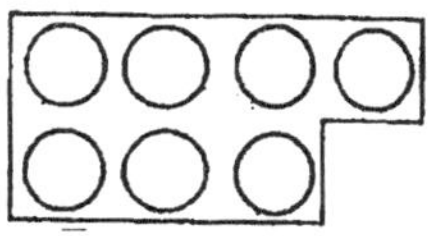

7 - 7 = □

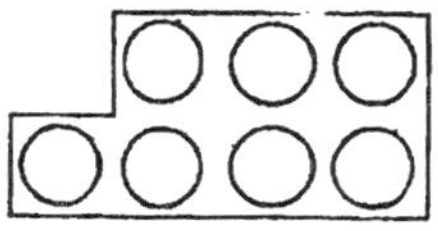

7 - 2 = □

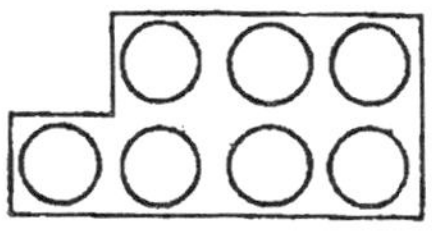

7 - 6 = □

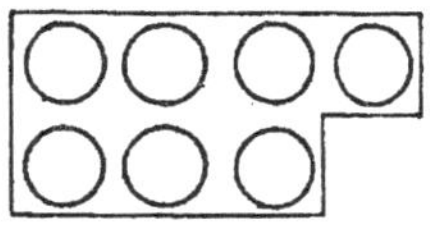

7 - 5 = □

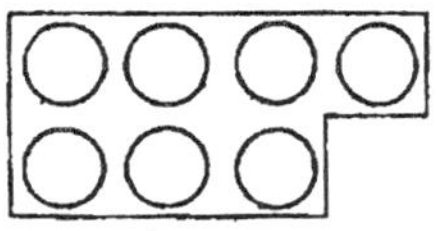

7 - 3 = □

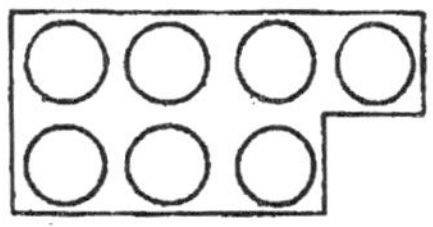

7 - 1 = □

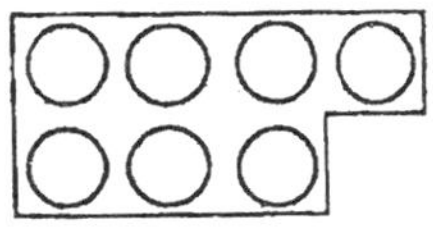

7 - 0 = □

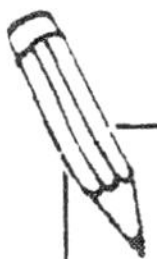

Male die Rechnung!

7 - 0 = □	7 - 5 = □	5 - 4 = □
7 - 3 = □	7 - 7 = □	7 - 1 = □
7 - 6 = □	7 - 4 = □	7 - 2 = □

Wie heißt die Rechnung?

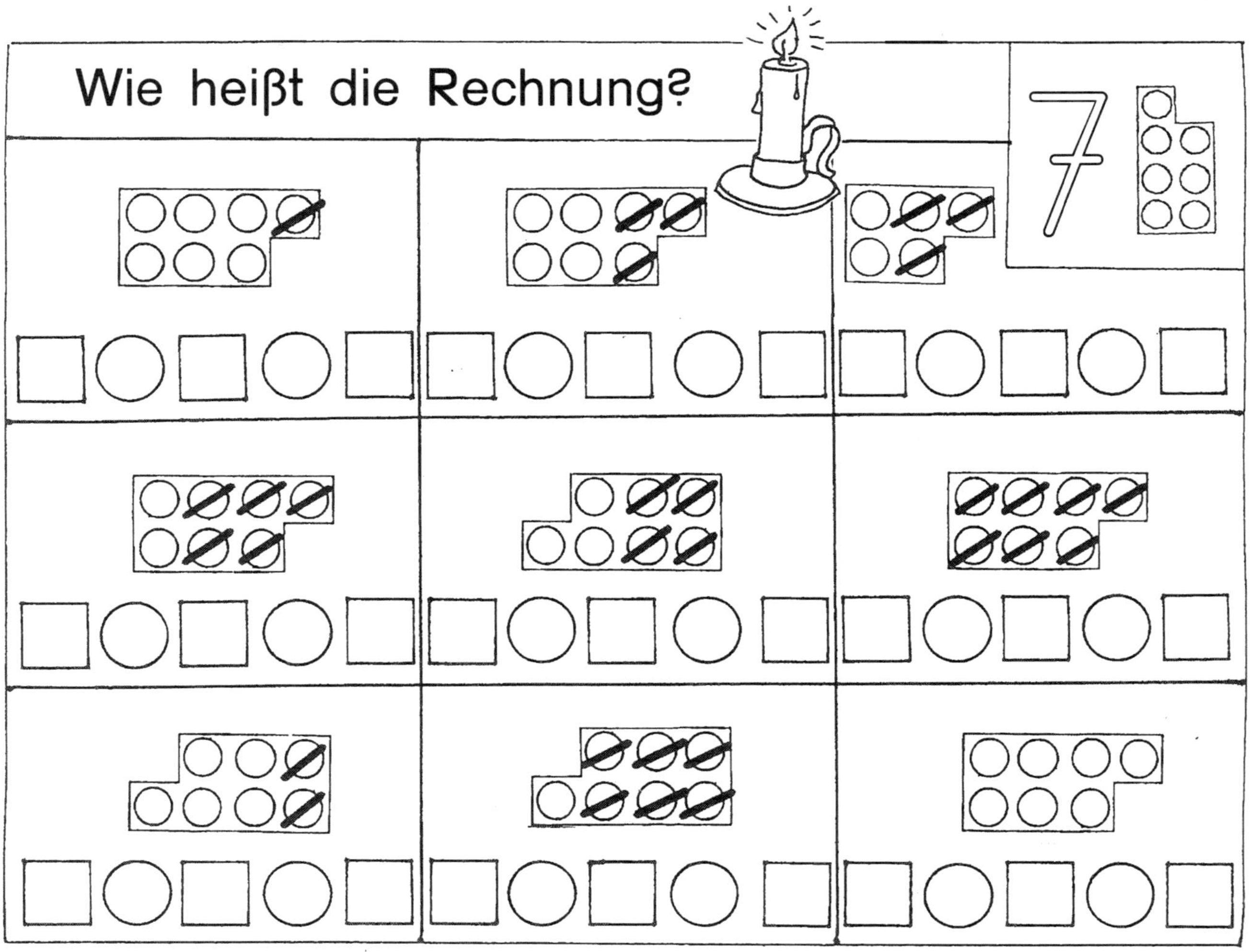

7 – 4 = ☐	5 – 2 = ☐	7 – 2 = ☐
6 – 3 = ☐	7 – 0 = ☐	6 – 6 = ☐
7 – 6 = ☐	7 – 7 = ☐	7 – 5 = ☐
7 – 1 = ☐	7 – 3 = ☐	6 – 1 = ☐
7 – 0 = ☐	7 – 7 = ☐	7 – 3 = ☐
5 – 5 = ☐	6 – 6 = ☐	7 – 6 = ☐
7 – 5 = ☐	7 – 4 = ☐	6 – 4 = ☐
7 – 2 = ☐	7 – 1 = ☐	5 – 3 = ☐

7 - 3 = □
7 - 6 = □
7 - 7 = □
7 - 3 = □

6 - 6 = □
7 - 5 = □
7 - 4 = □
7 - 1 = □

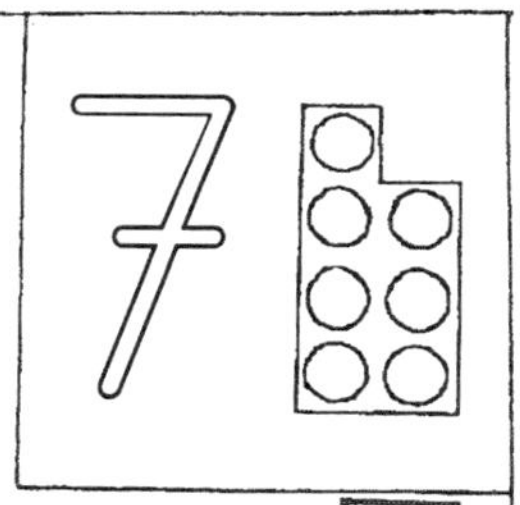

7 - 2 = □
7 - 0 = □

7 - 2 - 5 = □
7 - 1 - 0 = □
6 - 4 - 1 = □
7 - 3 - 2 = □

5 - 2 - 3 = □
7 - 4 - 2 = □
7 - 5 - 0 = □
7 - 2 - 2 = □

Male richtig an!

0 = gelb
1 = grau
2 = hellgrün
3 = hellbraun
4 = rot
5 = dunkelgrün
6 = blau
7 = dunkelbraun

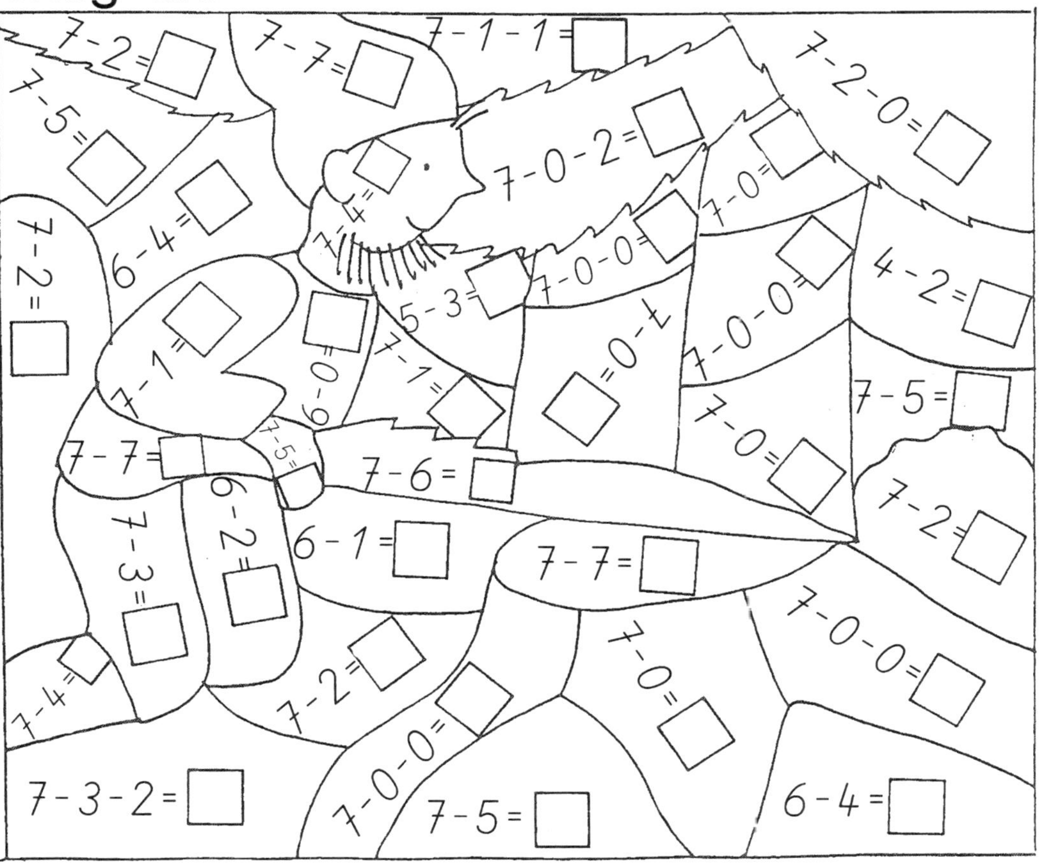

Was passiert? + oder - ?

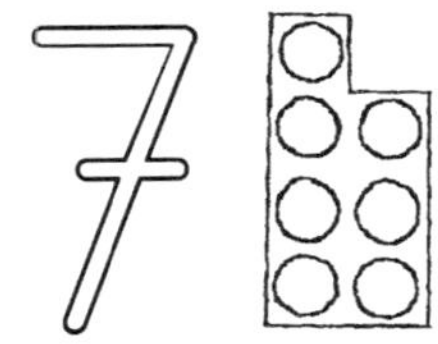

□ ○ □ ○ □ | □ ○ □ ○ □

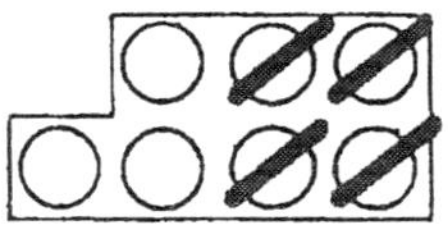

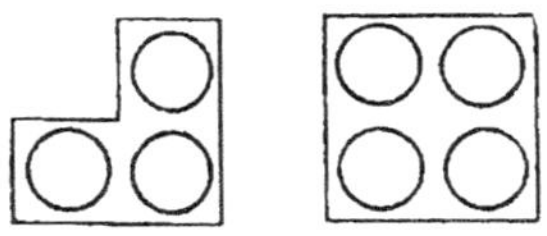

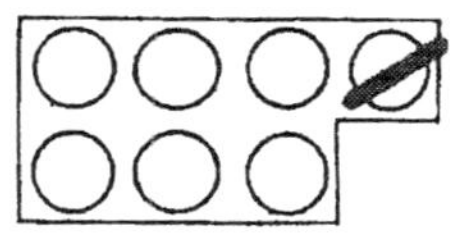

□ ○ □ ○ □ | □ ○ □ ○ □ | □ ○ □ ○ □

Male zur Rechnung!

1 + 6 = □	2 + 5 = □	7 - 5 = □
7 - 1 = □	7 - 3 = □	6 + 1 = □
5 + 1 = □	4 + 3 = □	7 - 6 = □

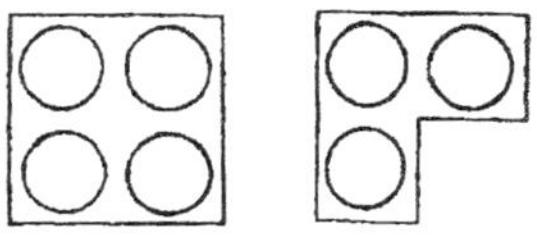

4 + 3 = □

7 − 5 = □

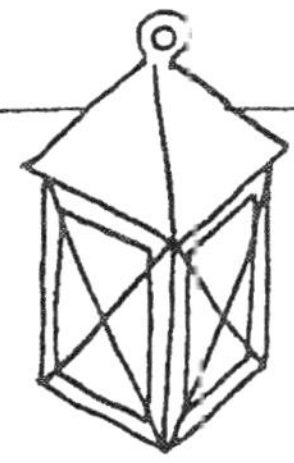

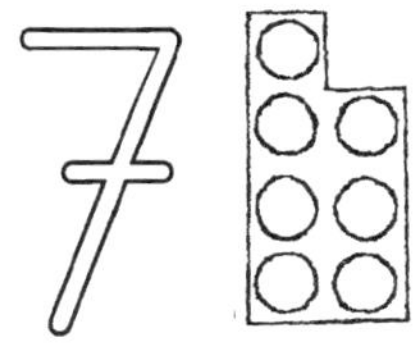

7 − 6 = □	2 + 4 = □	6 + 1 = □
7 − 7 = □	7 − 0 = □	7 − 2 = □
5 + 2 = □	3 + 4 = □	1 + 6 = □

\+ oder − ?

7 ⊖ 4 = 3	7 ○ 3 = 4	6 ○ 5 = 1
2 ○ 5 = 7	7 ○ 5 = 2	7 ○ 0 = 7
7 ○ 1 = 6	4 ○ 3 = 7	6 ○ 1 = 7

Zerlege und rechne!

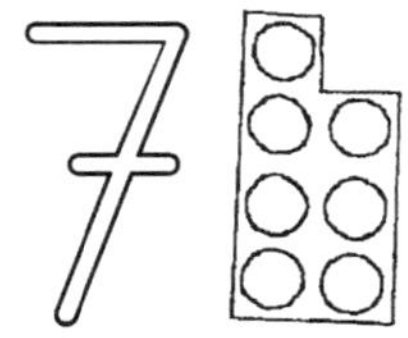

7 = 3 + □

7 = 5 + □

7 = □ + 5

7 = 4 + □

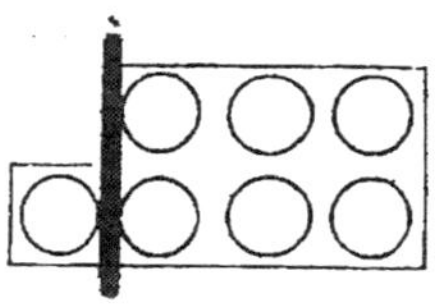

7 = 1 + □

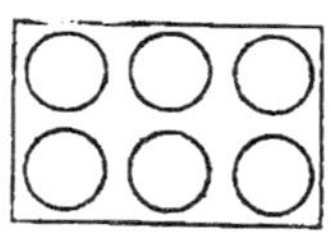

6 = □ + 5

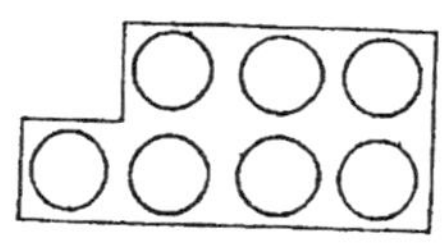

7 = □ + 4

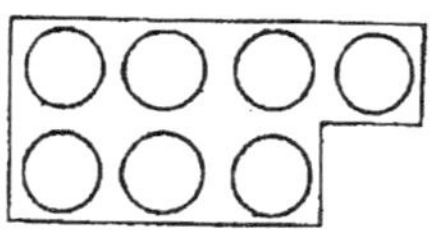

7 = □ + 5

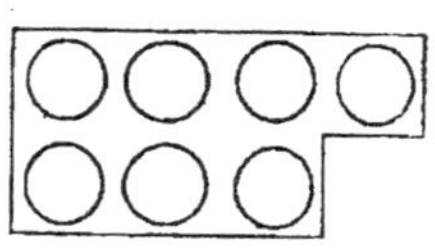

7 = 2 + □

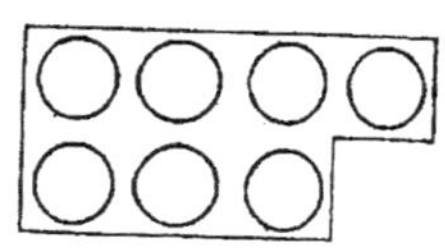

7 = 0 + □

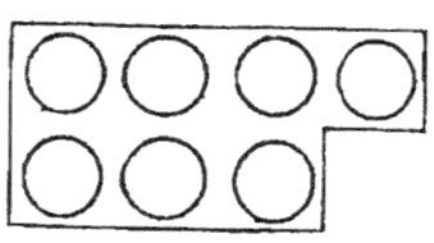

7 = 6 + □

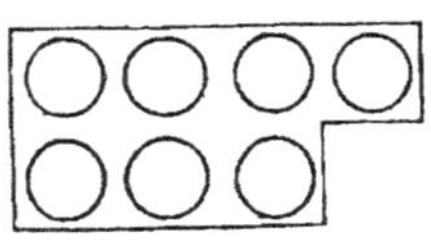

7 = 7 + □

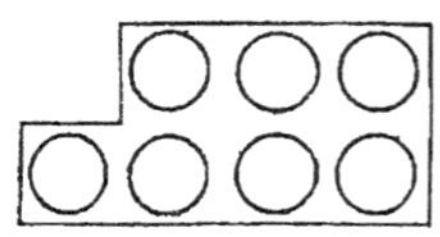

7 = 5 + □

Male die Rechnung!

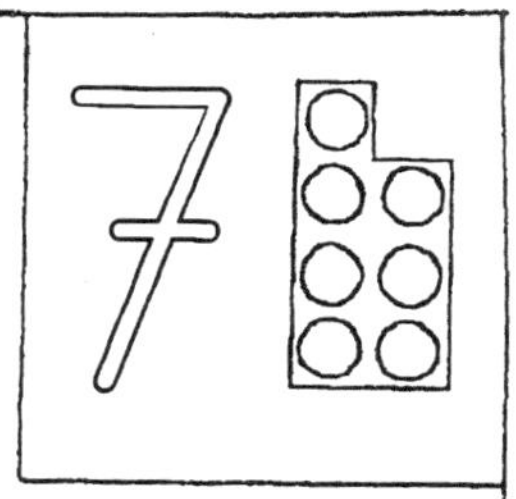

7 = 3 + □	7 = 5 + □	
6 = 2 + □	7 = □ + 2	7 = 4 + □
7 = □ + 5	7 = 1 + □	7 = □ + 6

Wie heißt die Rechnung?

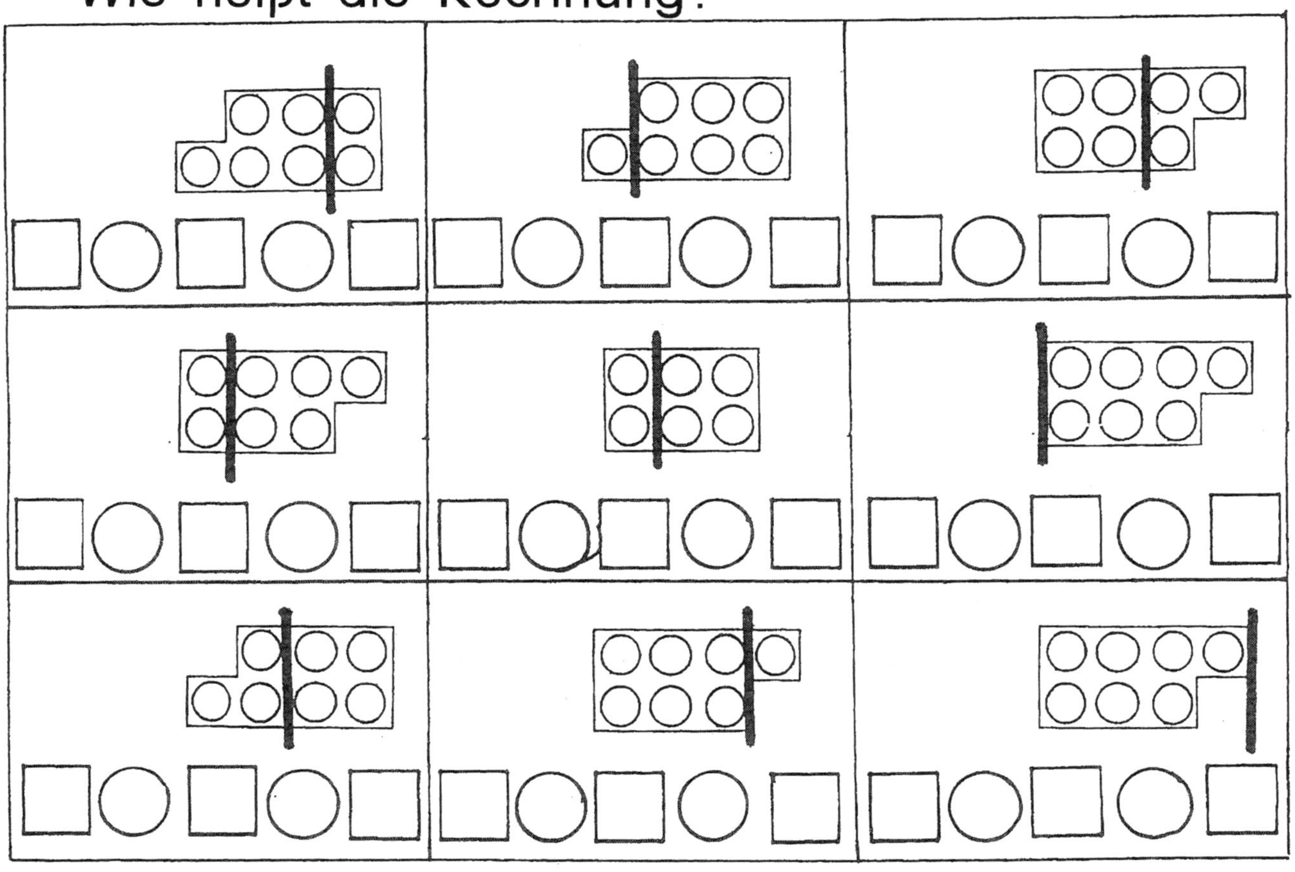

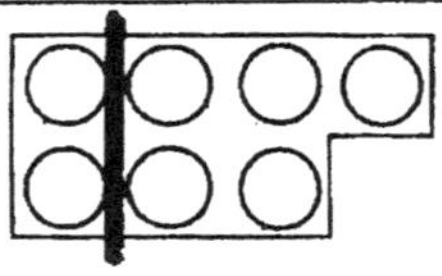 7 = 2 + □	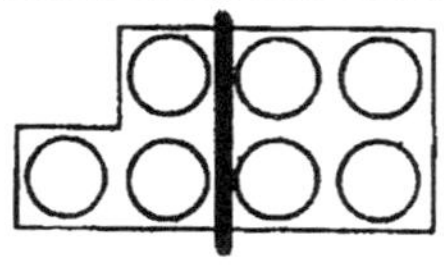 7 = □ + 4	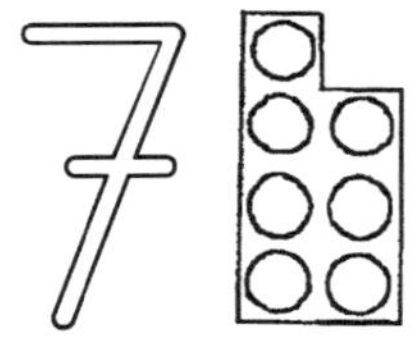
7 = 3 + □	6 = 1 + □	7 = □ + 5
7 = □ + 2	7 = □ + 1	7 = 1 + □
7 = 5 + □	7 = 4 + □	7 = 6 + □
7 = □ + 3	7 = 0 + □	7 = □ + 6
7 = 2 + □	6 = □ + 3	7 = 1 + □
5 = 4 + □	7 = □ + 0	7 = 5 + □
7 = 7 + □	7 = 3 + □	7 = □ + 4

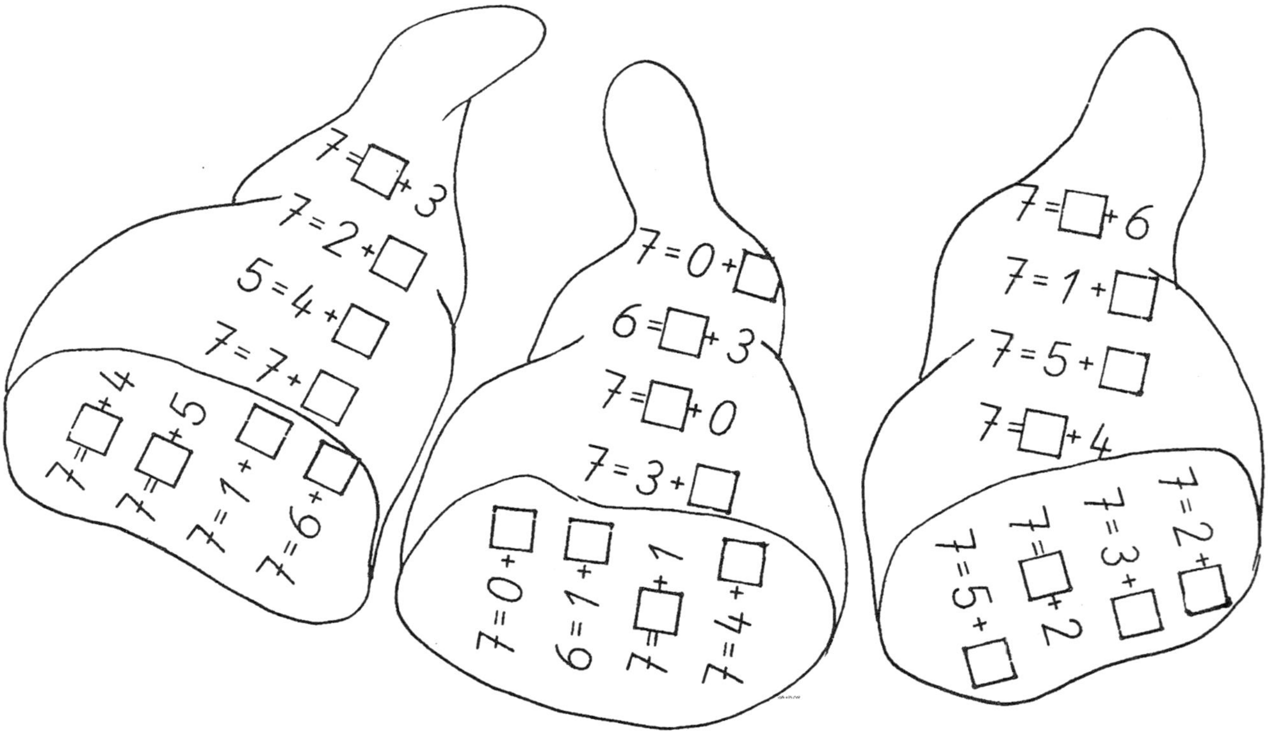

Wie viele fehlen?

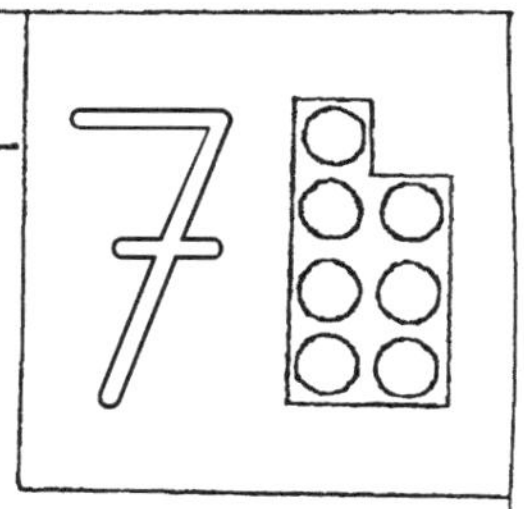

1 + ☐ = 7

5 + ☐ = 7

3 + ☐ = 7

Wie viele Kugeln fehlen?

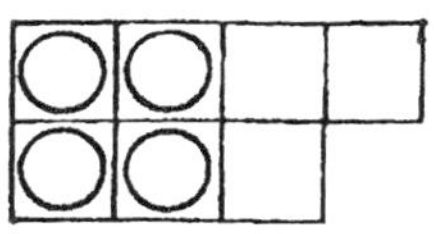

4 + ☐ = 7

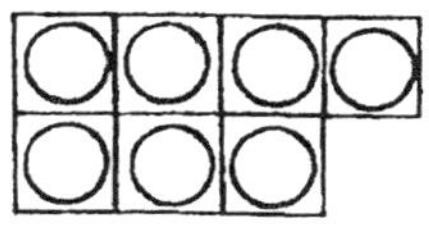

7 + ☐ = 7

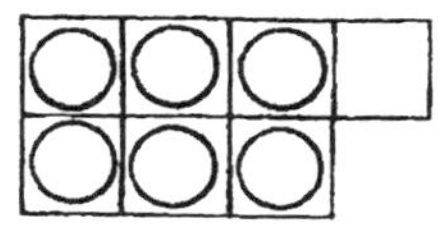

6 + ☐ = 7

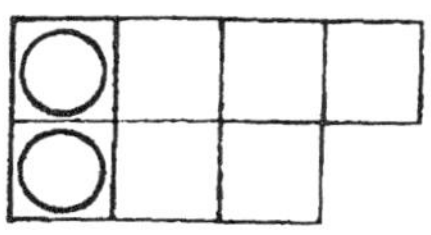

2 + ☐ = 7

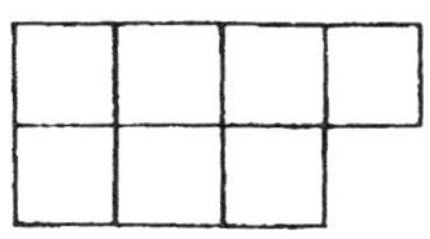

0 + ☐ = 7

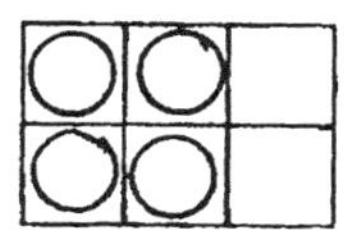

4 + ☐ = 6

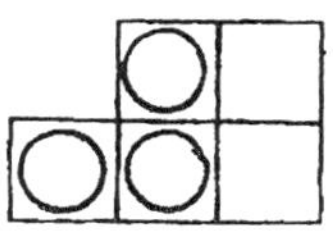

3 + ☐ = 5

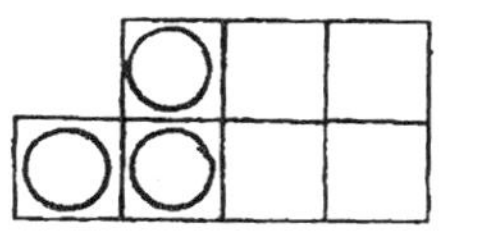

3 + ☐ = 7

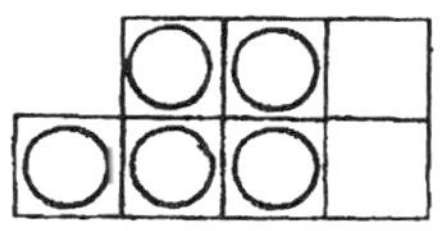

5 + ☐ = 7

Male mit 2 Farben zur Rechnung!

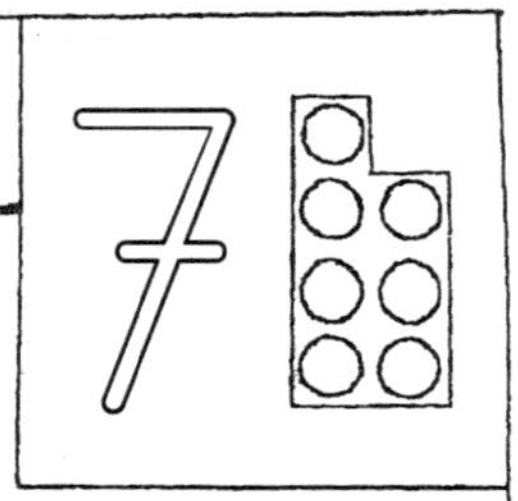

6 + □ = 7	2 + □ = 7	2 + □ = 6
0 + □ = 7	1 + □ = 7	7 + □ = 7
3 + □ = 7	4 + □ = 7	5 + □ = 7

Wie heißt die Rechnung?

□ ○ □ ○ □	□ ○ □ ○ □	□ ○ □ ○ □
□ ○ □ ○ □	□ ○ □ ○ □	□ ○ □ ○ □
□ ○ □ ○ □	□ ○ □ ○ □	□ ○ □ ○ □

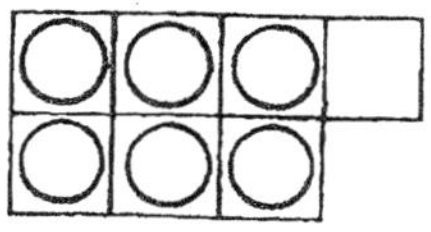 6 + □ = 7	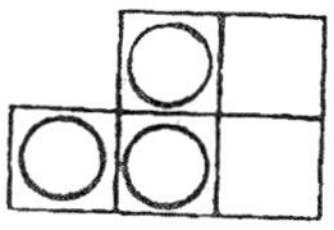 3 + □ = 5	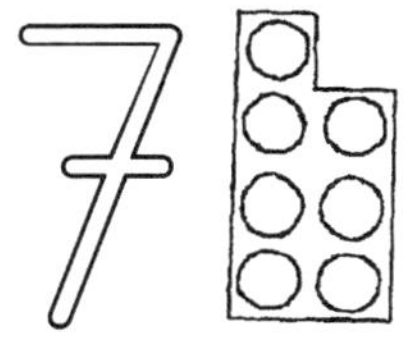
0 + □ = 7	7 + □ = 7	2 + □ = 7
3 + □ = 7	4 + □ = 6	5 + □ = 7
6 + □ = 6	1 + □ = 7	4 + □ = 7
6 + □ = 7	2 + □ = 5	2 + □ = 7
3 + □ = 7	0 + □ = 7	1 + □ = 7
4 + □ = 6	7 + □ = 7	5 + □ = 7
1 + □ = 7	4 + □ = 7	

5 + □ = 7	7 + □ = 7	3 + □ = 5
3 + □ = 6	4 + □ = 7	7 + □ = 7
6 + □ = 7	3 + □ = 7	2 + □ = 5
2 + □ = 7	6 + □ = 6	0 + □ = 7
4 + □ = 6	4 + □ = 6	6 + □ = 7
1 + □ = 7	1 + □ = 7	3 + □ = 7
5 + □ = 7	2 + □ = 7	6 + □ = 7
4 + □ = 7	1 + □ = 7	0 + □ = 7

Was passiert? + / – /  / 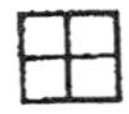

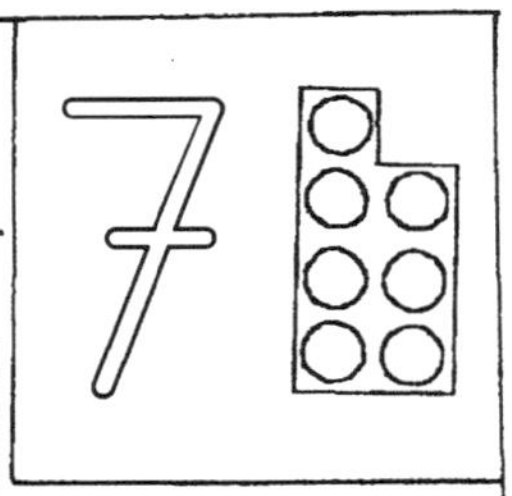

4 + 3 = □	7 – 2 = □	6 – 2 = □

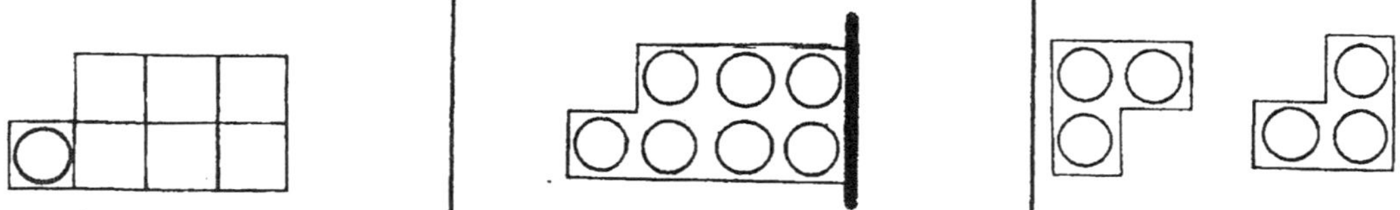

1 + □ = 7	7 = □ + 0	3 + 3 = □

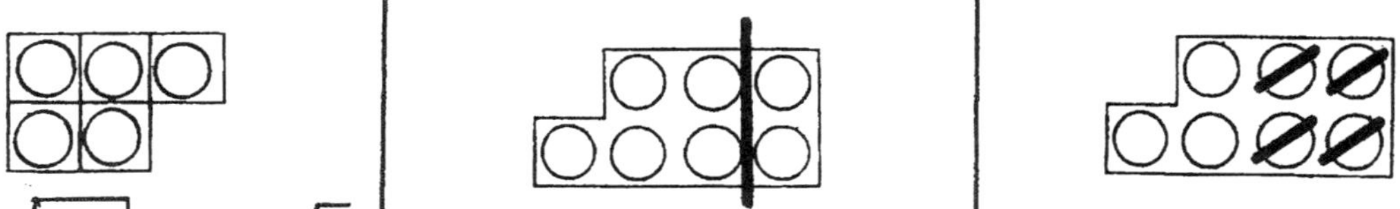

5 + □ = 5	7 = 5 + □	7 – 4 = □

Achtung: Was passiert?

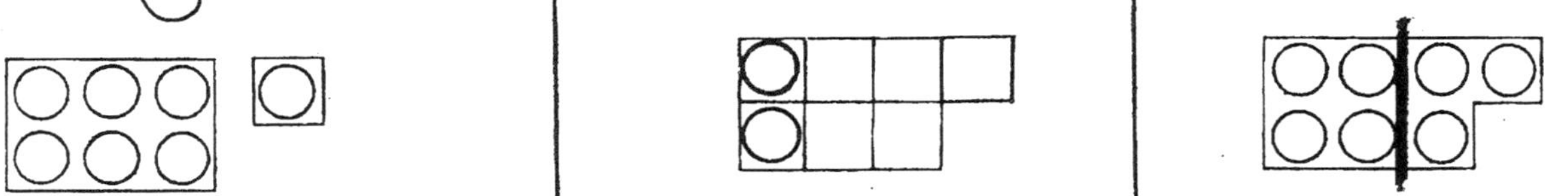

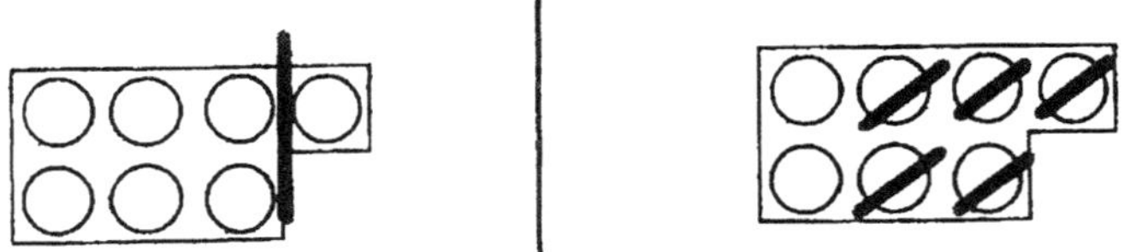

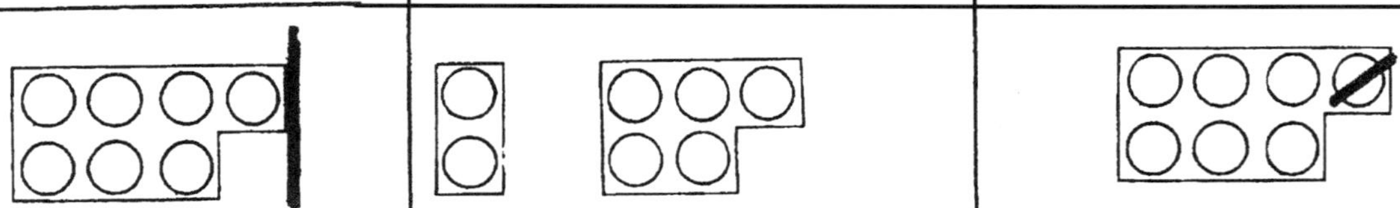

2 + 5 = □	7 − 6 = □	7
7 = 3 + □	4 + □ = 7	3 + 2 = □ 7 = 0 + □
7 − 2 = □ 7 = □ + 5 1 + 6 = □ 5 + □ = 7	4 + 3 = □ 1 + □ = 7 6 = □ + 1 7 − 4 = □	3 + □ = 7 5 + 2 = □ 7 − 5 = □ 7 = □ + 1

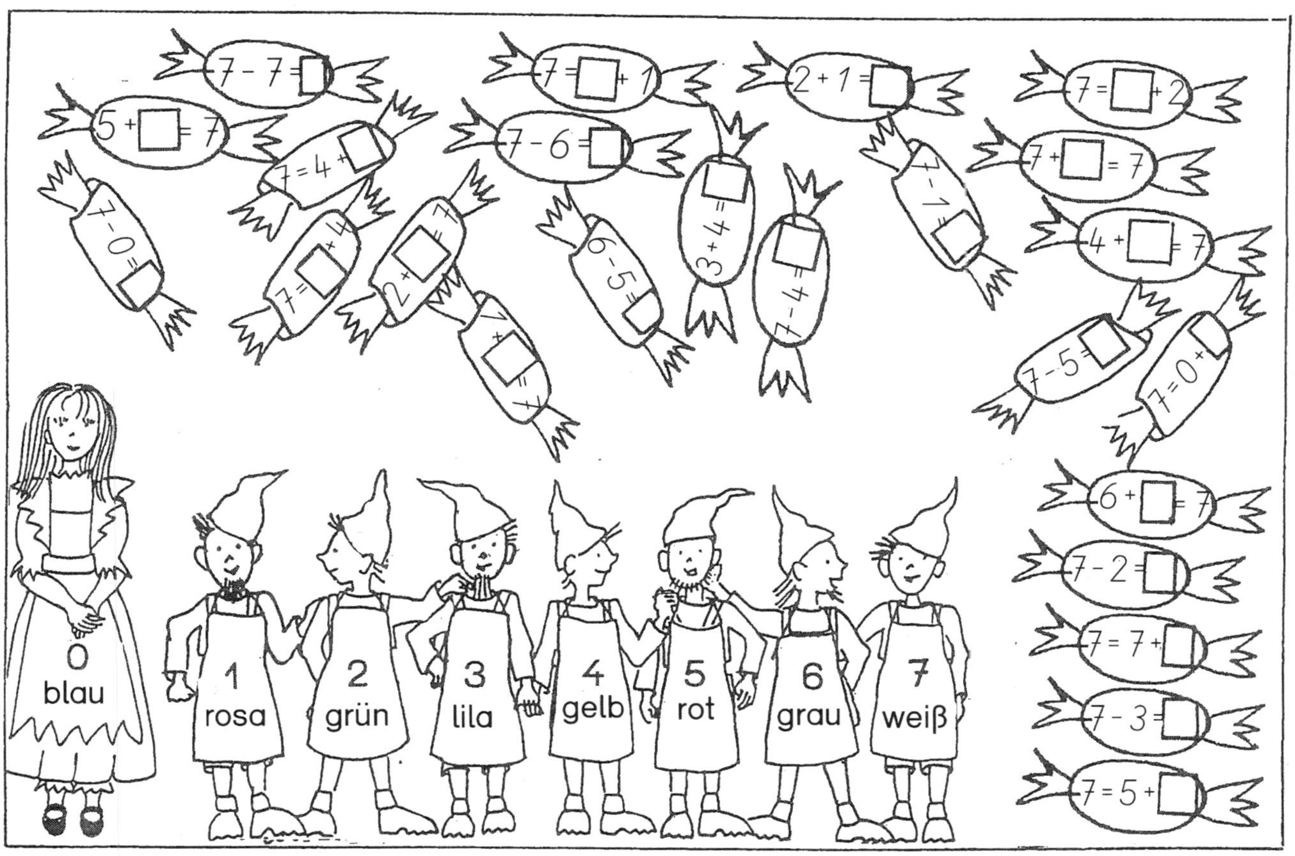

Wie kommt der Zwerg genau ins Ziel ?

Zeichne und schreibe!

☐ + ☐ = 7	☐ + ☐ = 7
☐ + ☐ = 7	☐ + ☐ = 7
☐ + ☐ = 7	☐ + ☐ = 7

Tauschaufgaben

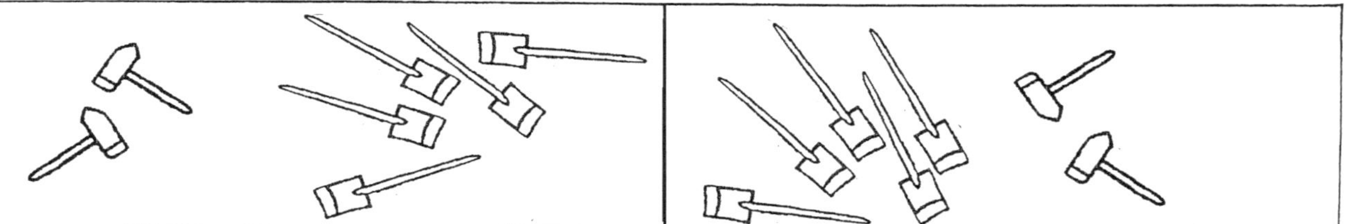

2 + 5 = ☐	5 + 2 = ☐

1 + 6 = ☐	☐ ◯ ☐ ◯ ☐
2 + 5 = ☐	☐ ◯ ☐ ◯ ☐
0 + 7 = ☐	☐ ◯ ☐ ◯ ☐
4 + 2 = ☐	☐ ◯ ☐ ◯ ☐

Denkaufgaben mit der 7

Rechengeschichten

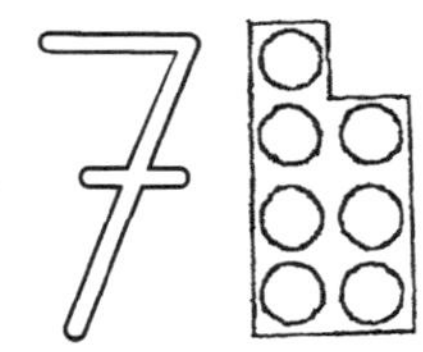

Im Haus sind 7 Zwerge.
3 Zwerge gehen weg.
Wie viele Zwerge sind noch zu Hause?

Wir rechnen: □ ○ □ ○ □

Wir antworten:

Im Boot sind 5 Zwerge.
2 Zwerge steigen noch ein.
Wie viele Zwerge sind jetzt im Boot?

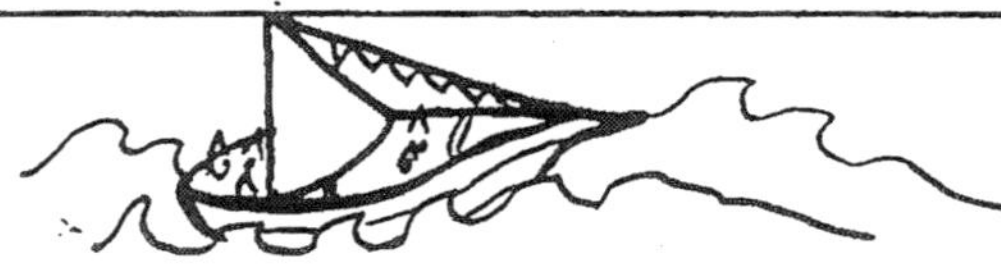

Wir rechnen: □ ○ □ ○ □

Wir antworten:

Im Boot sind 6 Zwerge.
1 Zwerg springt ins Wasser.
Wie viele Zwerge sitzen noch im Boot?

Wir rechnen: □ ○ □ ○ □

Wir antworten:

1 Zwerg ist im Garten.
5 Zwerge kommen dazu.
Wie viele Zwerge sind nun im Garten.

Wir rechnen: □ ○ □ ○ □

Wir antworten:

Anna wird 8

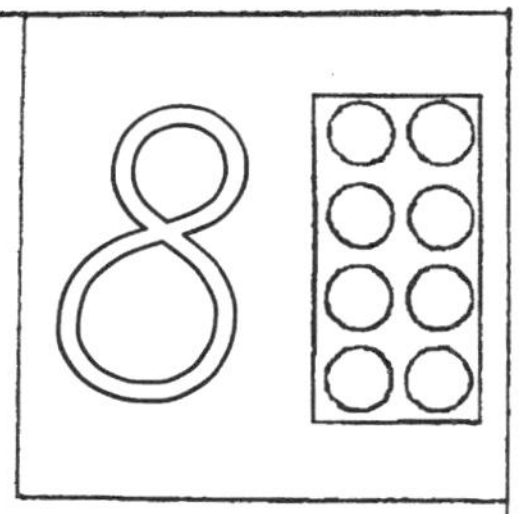

Male nur an, wenn es 8 Dinge sind!

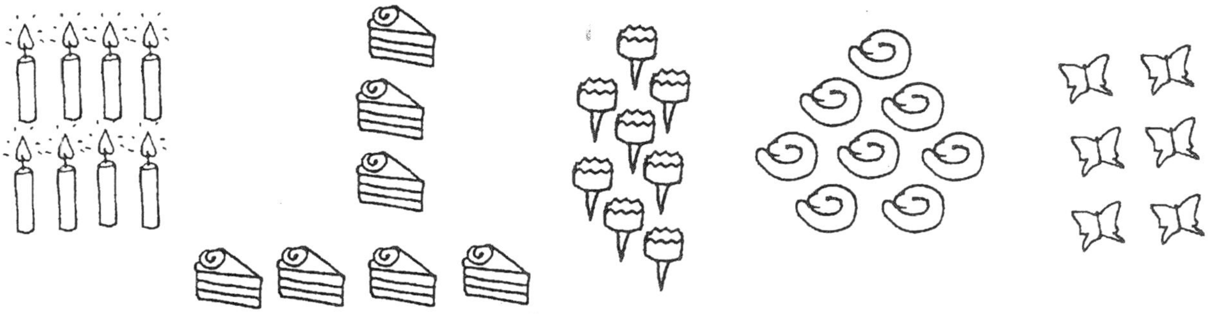

Male immer 8 Kerzen in einer Farbe!

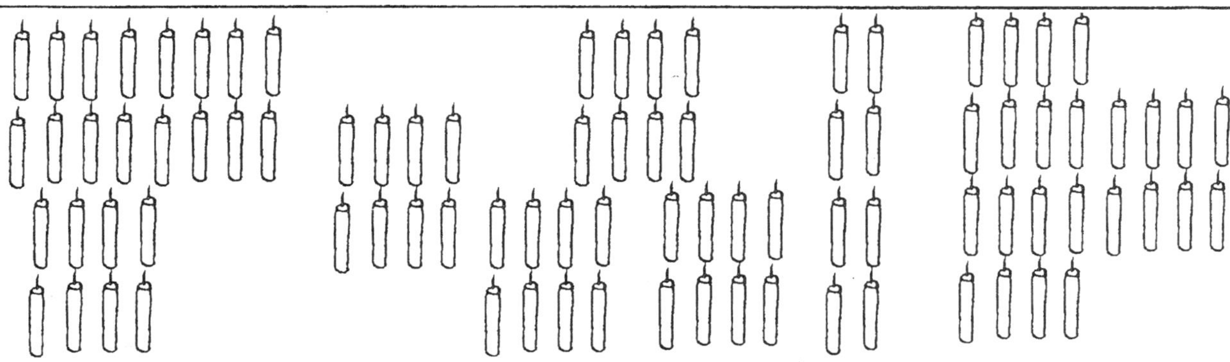

Auf jeder Torte sind 8 Kerzen!

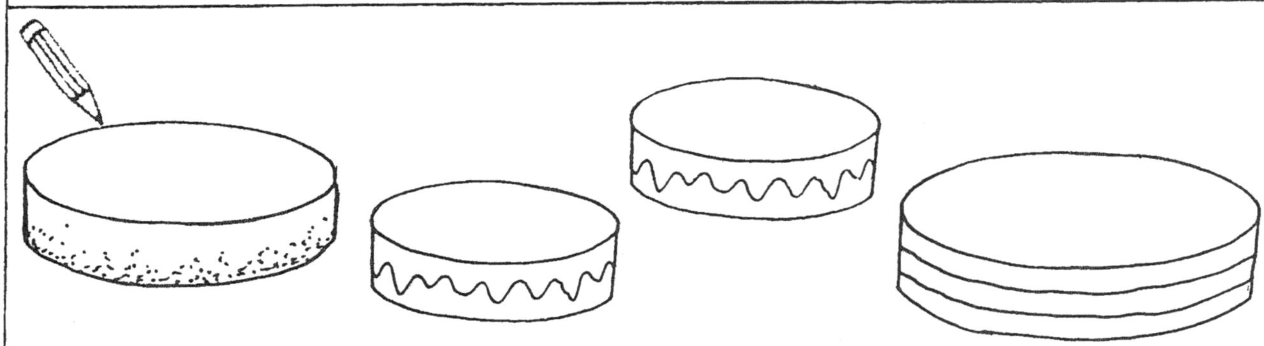

Male alle 8er Plättchen an!

Fange immer 8 Punkte ein!

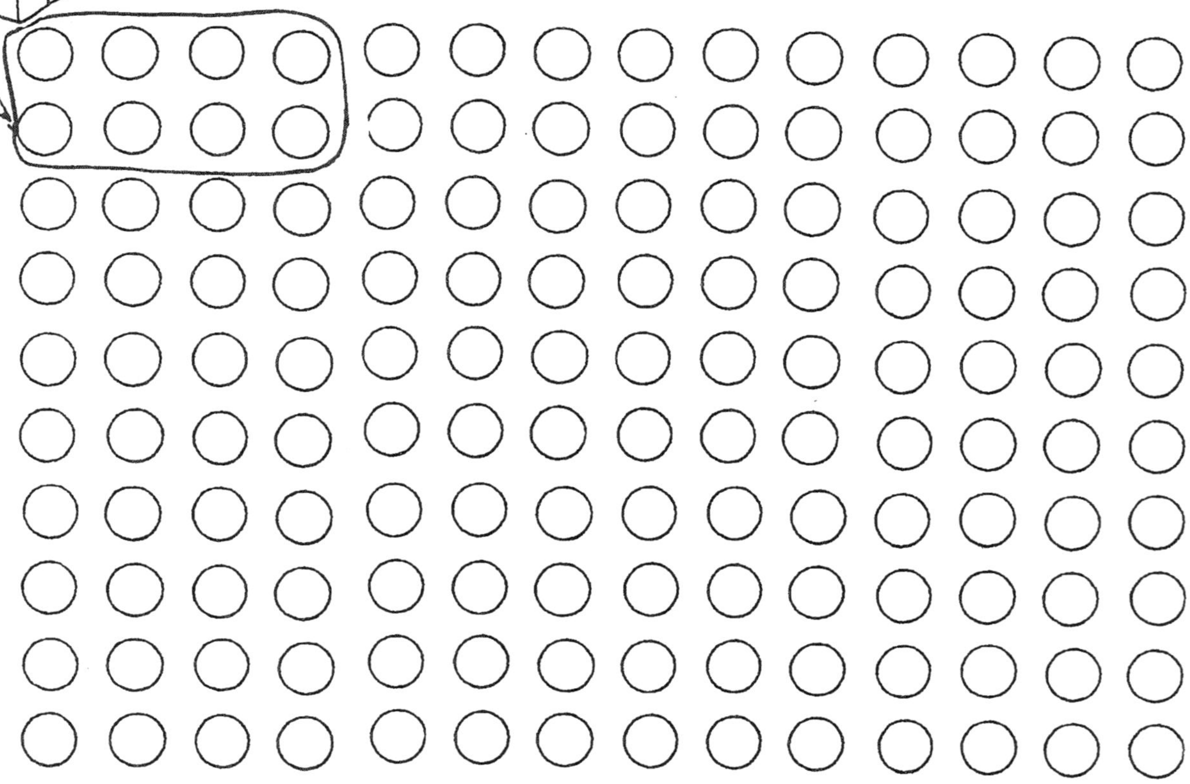

Spure nach und schreibe!

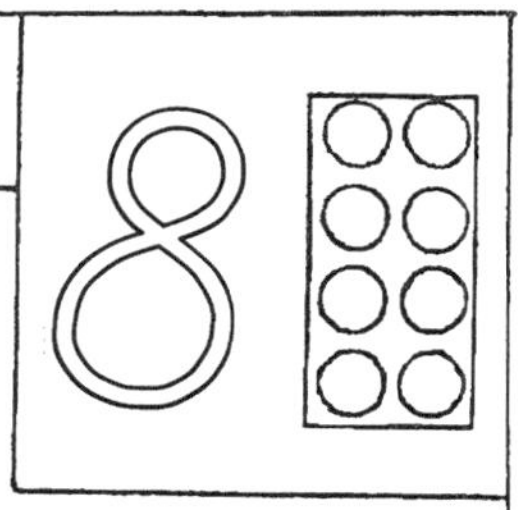

Male die Punkte in der Reihenfolge!

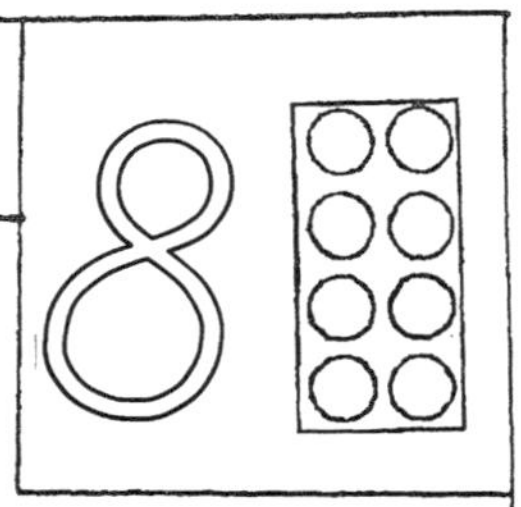

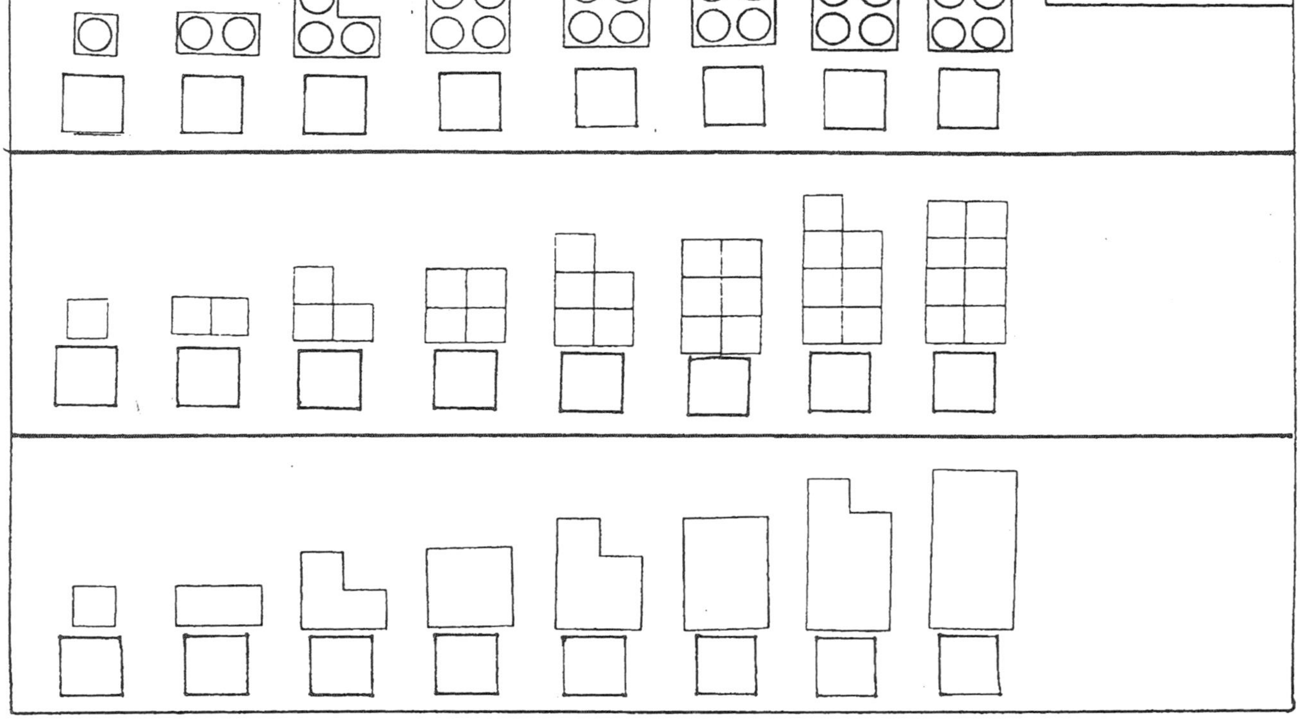

Verbinde in der richtigen Reihenfolge!

Du kennst dich bis 8 gut aus!

Tisch-Nachbarn

Wir vergleichen:

6 ○ 8	8 ○ 7	6 ○ 7	6 ○ 0
5 ○ 7	0 ○ 0	8 ○ 4	8 ○ 1
6 ○ 5	5 ○ 8	0 ○ 8	6 ○ 6
8 ○ 8	0 ○ 8	7 ○ 7	2 ○ 8
8 (>) □	7 (>) □	8 (>) □	6 (<) □
6 (<) □	6 (=) □	5 (=) □	0 (<) □
7 (<) □	3 (>) □	8 (>) □	8 (>) □

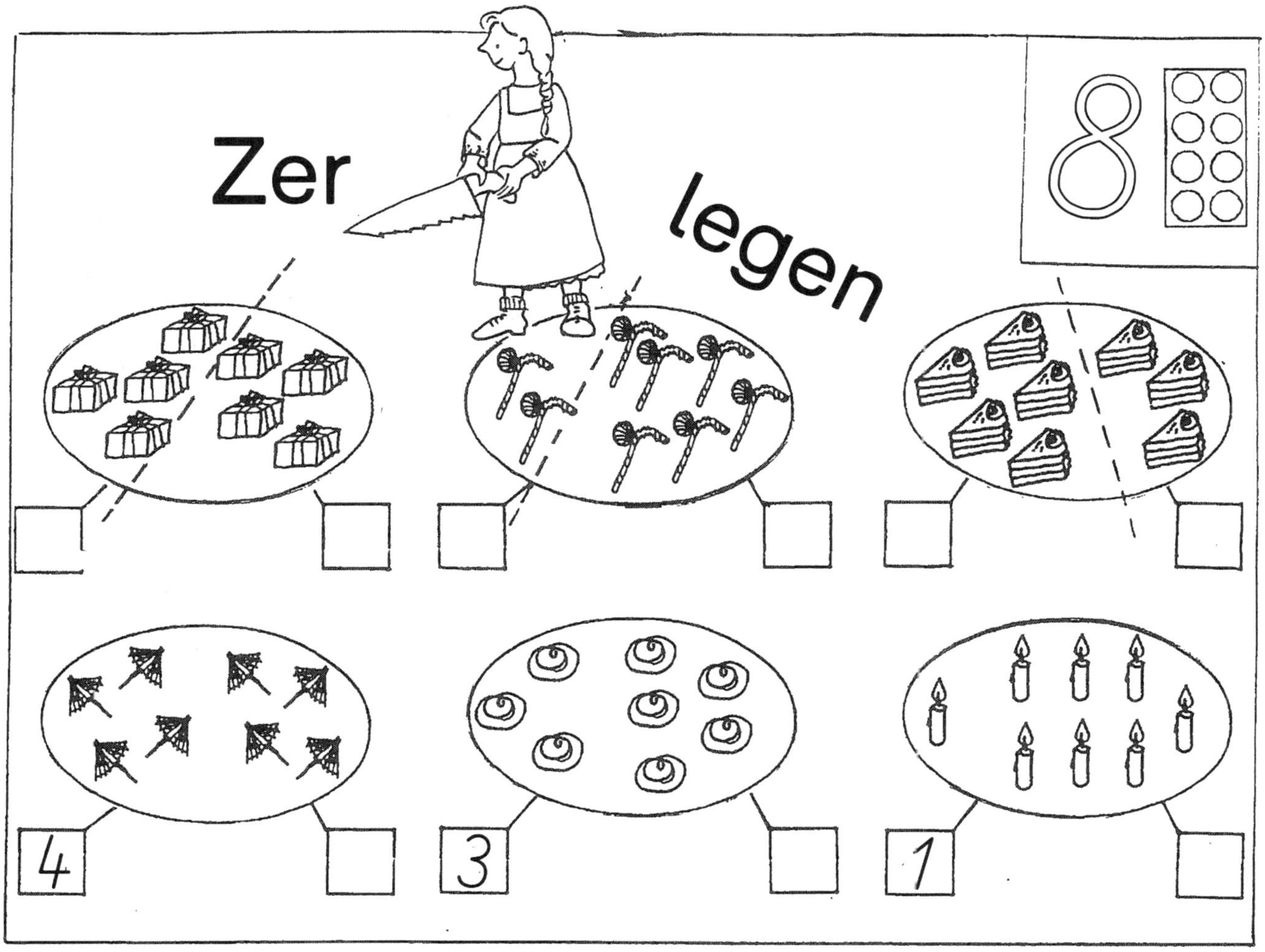

Wie ist die 8 aufgeteilt?

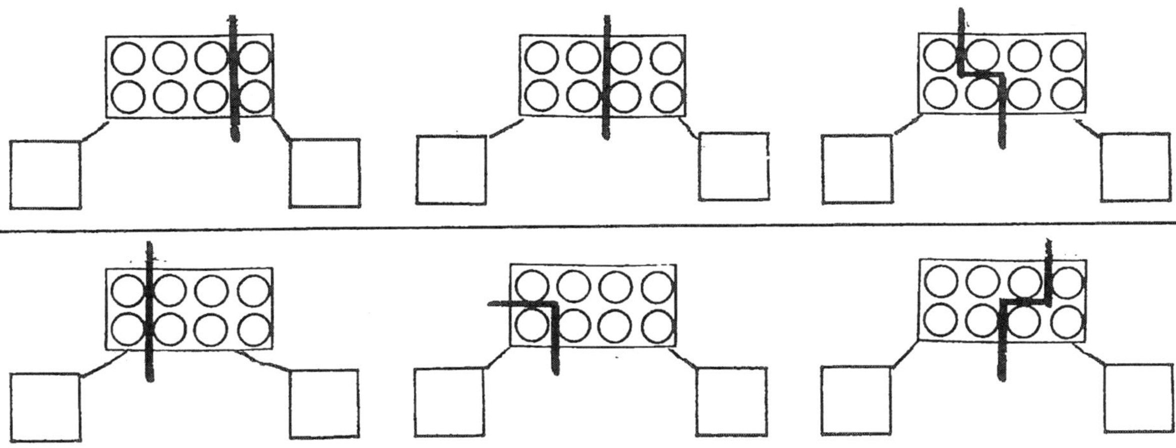

Teile selbst auf!

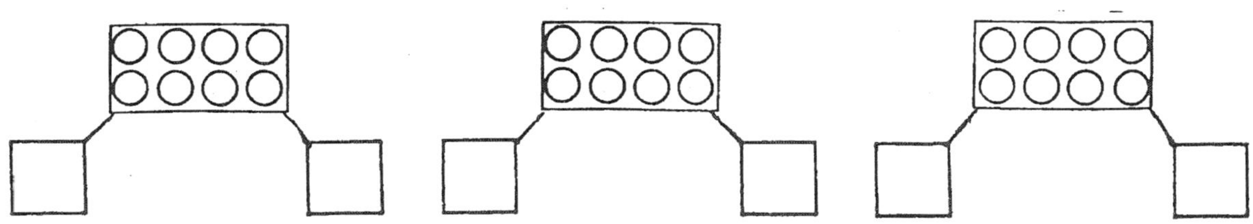

5 + 3 = □

□ ○ □ ○ □

□ ○ □ ○ □

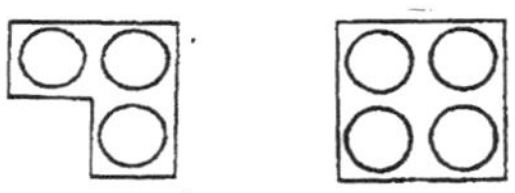

3 + 4 = □

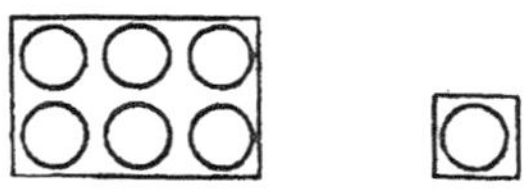

6 + 1 = □

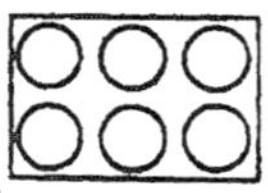

6 + 0 = □

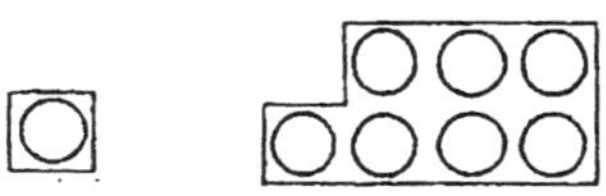

1 + 7 = □

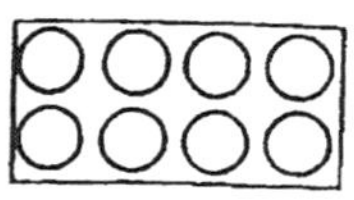

0 + 8 = □

3 + 5 = □

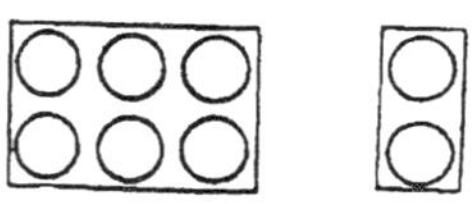

6 + 2 = □

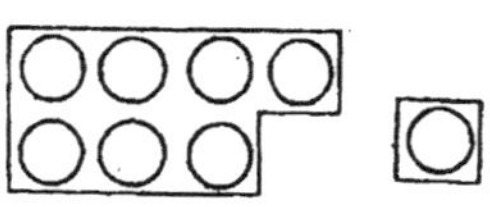

7 + 1 = □

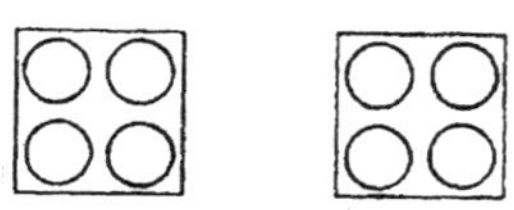

4 + 4 = □

Rechne und male!

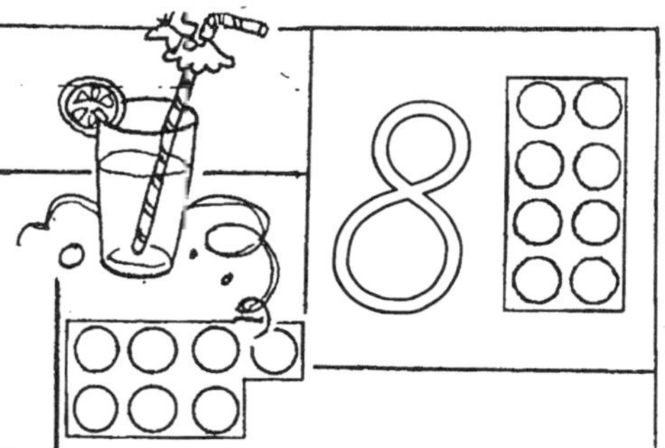

2 + 6 = □	1 + 7 = □	7 + 1 = □
3 + 3 = □	6 + 2 = □	5 + 3 = □
0 + 8 = □	3 + 5 = □	4 + 4 = □

Male die Rechnung!

1 + 7 = □	5 + 3 = □	3 + 5 = □
7 + 1 = □	6 + 1 = □	2 + 6 = □
8 + 0 = □	4 + 4 = □	6 + 2 = □

Wie heißt die Rechnung?

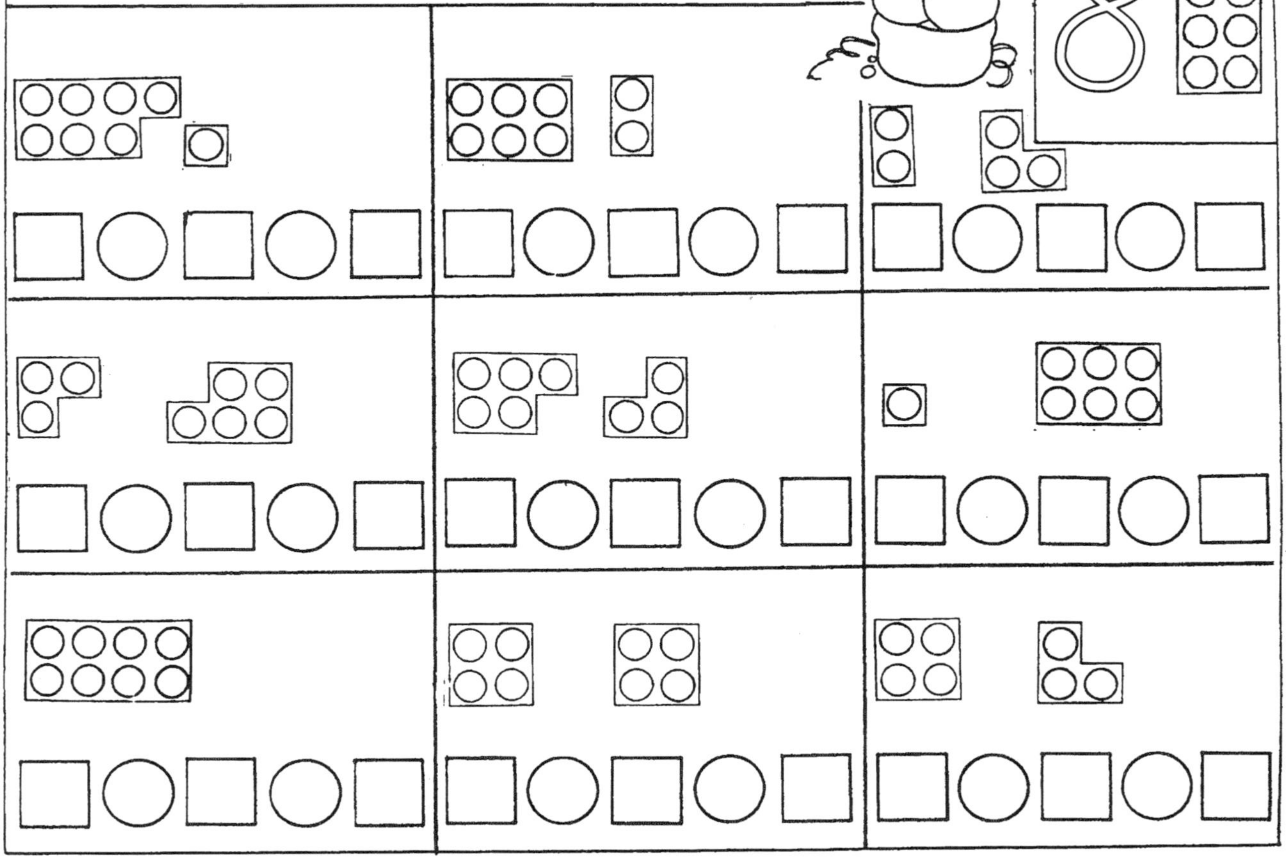

0 + 8 = □	4 + 4 = □	5 + 3 = □
3 + 3 = □	3 + 4 = □	7 + 1 = □
6 + 2 = □	2 + 6 = □	1 + 6 = □
1 + 7 = □	8 + 0 = □	3 + 5 = □
2 + 6 = □	4 + 4 = □	4 + 2 = □
6 + 2 = □	7 + 1 = □	1 + 7 = □
4 + 3 = □	2 + 5 = □	5 + 3 = □
3 + 5 = □	8 + 0 = □	0 + 8 = □

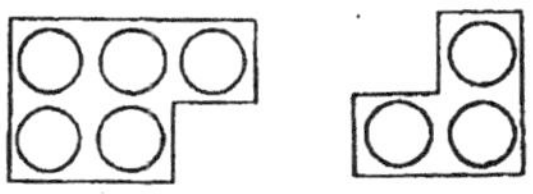

$5 + 3 = \square$

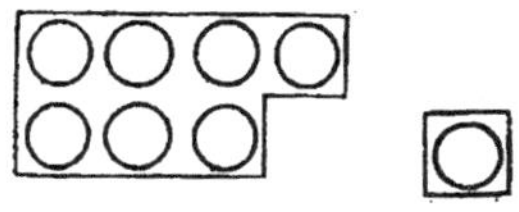

$7 + 1 = \square$

8 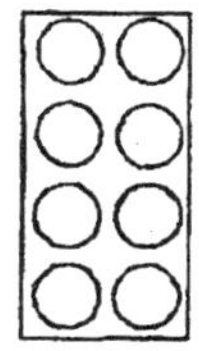

$6 + 2 = \square$	$2 + 6 = \square$	$4 + 4 = \square$
$1 + 7 = \square$	$8 + 0 = \square$	$3 + 4 = \square$
$1 + 6 = \square$	$0 + 8 = \square$	$5 + 3 = \square$
$3 + 5 = \square$	$3 + 3 = \square$	$7 + 1 = \square$

$2 + 4 + 2 = \square$	$3 + 3 + 2 = \square$
$1 + 5 + 1 = \square$	$1 + 4 + 3 = \square$
$2 + 0 + 6 = \square$	$3 + 4 + 1 = \square$

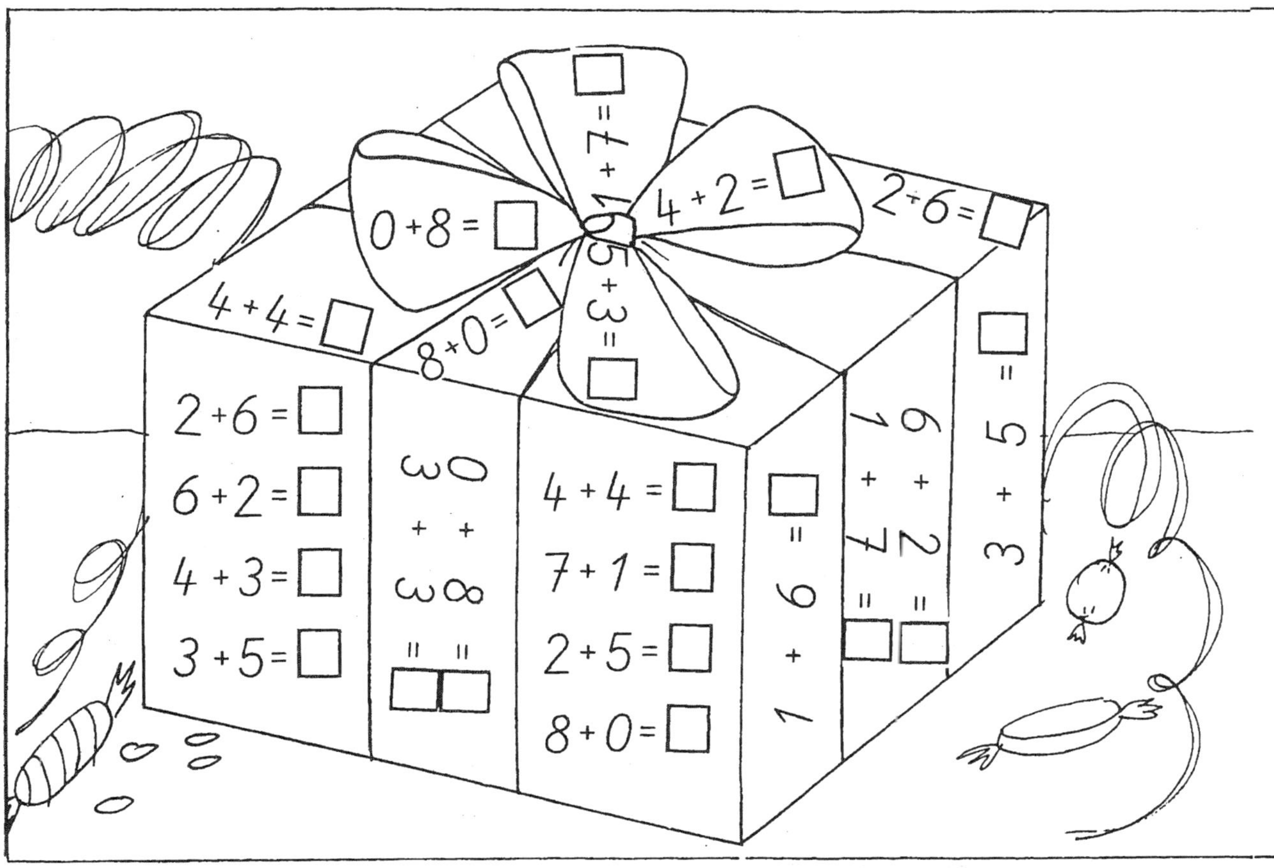

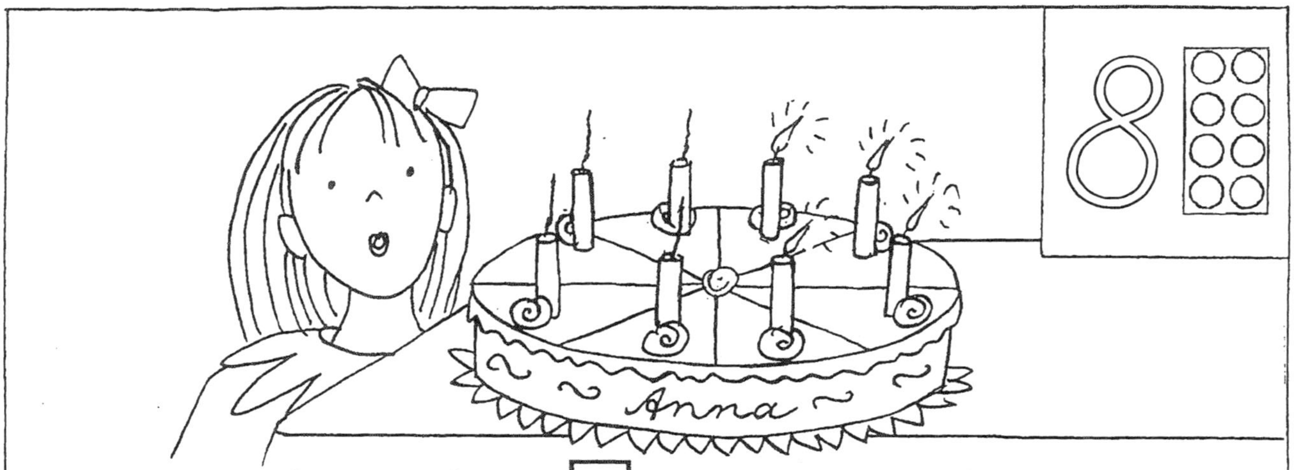

8 − 4 = □

□ ○ □ ○ □   □ ○ □ ○ □

8 − 2 = □	8 − 5 = □	8 − 0 = □
7 − 5 = □	8 − 3 = □	8 − 4 = □
8 − 7 = □	8 − 8 = □	8 − 6 = □

Rechne und male!

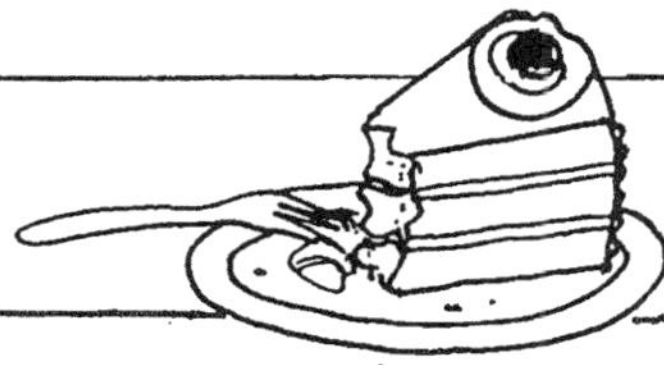

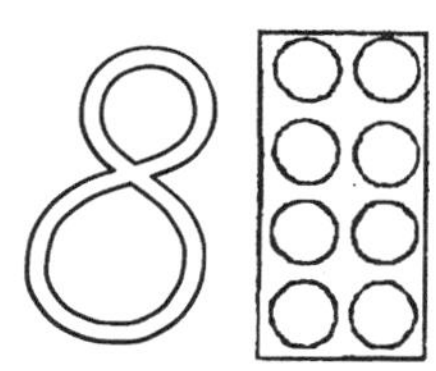

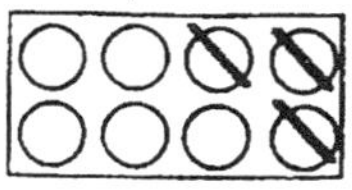 8 − 3 = □	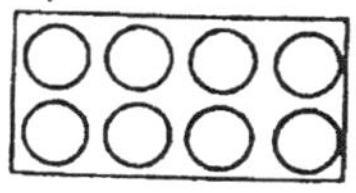 8 − 2 = □	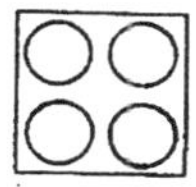 4 − 4 = □
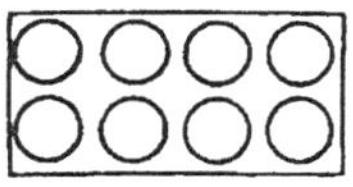 8 − 5 = □	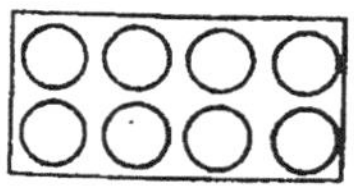 8 − 0 = □	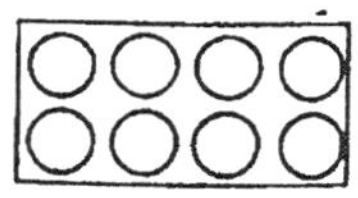 8 − 6 = □
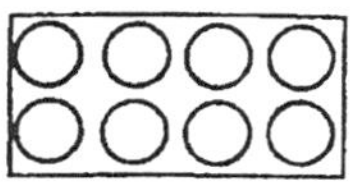 8 − 1 = □	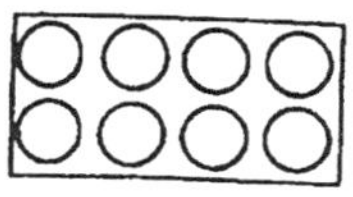 8 − 4 = □	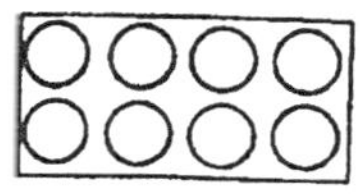 8 − 8 = □

Male die Rechnung!

8 − 6 = □	8 − 8 = □	8 − 3 = □
8 − 2 = □	8 − 1 = □	8 − 0 = □
8 − 7 = □	8 − 4 = □	8 − 5 = □

Wie heißt die Rechnung?

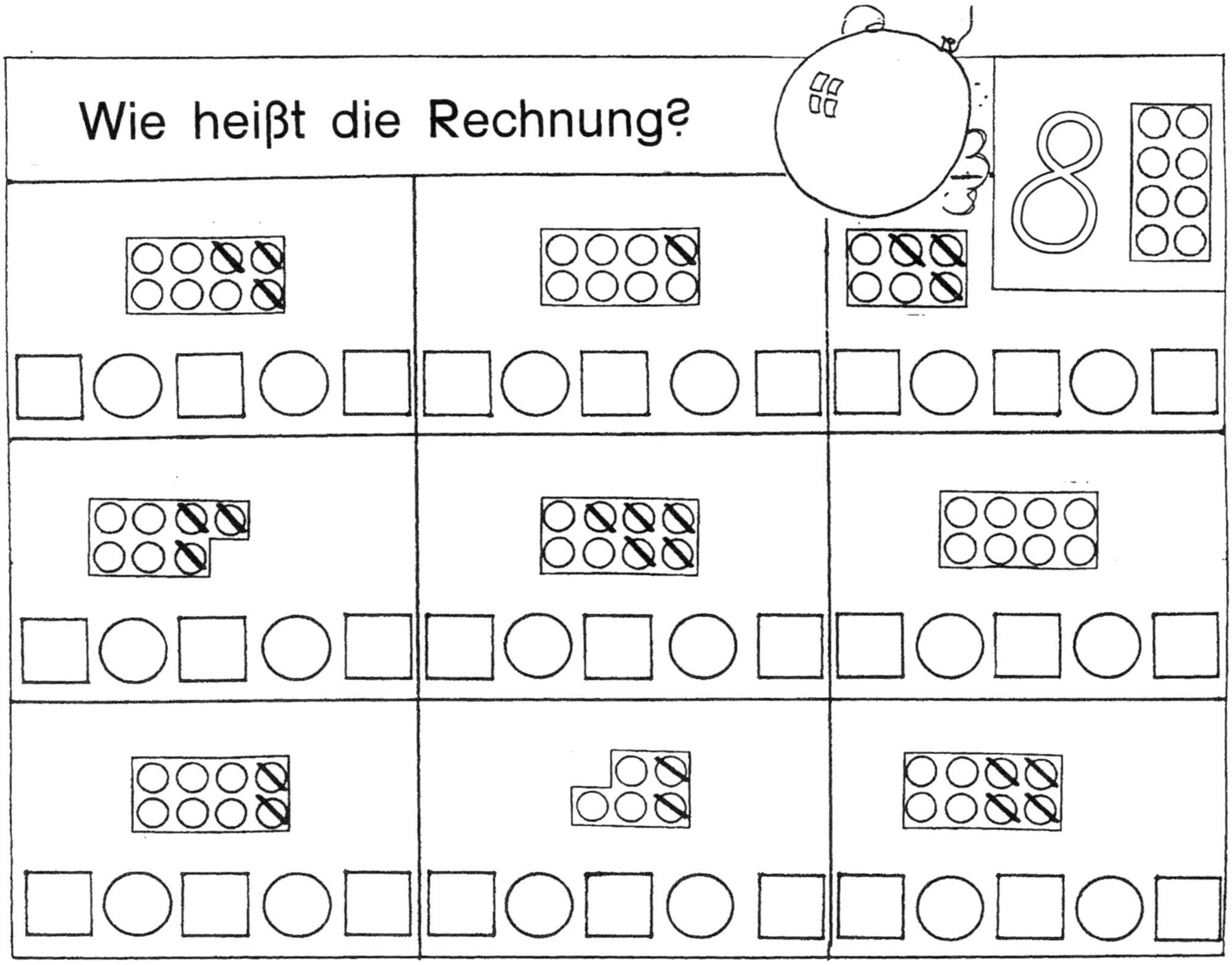

6 - 5 = ☐	8 - 3 = ☐	8 - 4 = ☐
8 - 6 = ☐	7 - 6 = ☐	7 - 5 = ☐
8 - 8 = ☐	8 - 7 = ☐	8 - 5 = ☐
8 - 1 = ☐	8 - 0 = ☐	8 - 2 = ☐
8 - 0 = ☐	8 - 2 = ☐	8 - 1 = ☐
8 - 6 = ☐	8 - 7 = ☐	8 - 8 = ☐
7 - 3 = ☐	6 - 4 = ☐	7 - 6 = ☐
8 - 3 = ☐	8 - 4 = ☐	8 - 5 = ☐

8 - 8 = ☐	8 - 2 = ☐	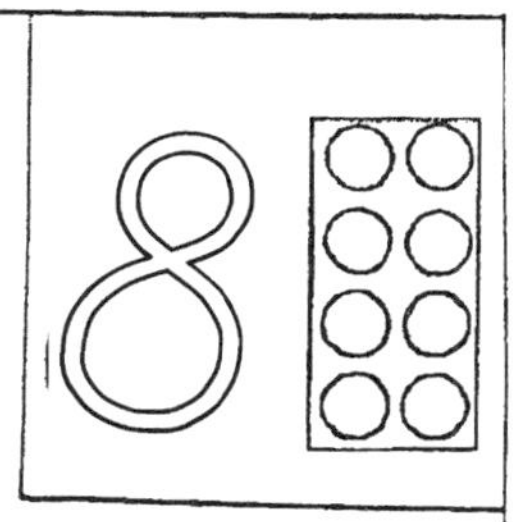
8 - 1 = ☐	7 - 3 = ☐	
6 - 5 = ☐	8 - 3 = ☐	
8 - 0 = ☐	8 - 4 = ☐	8 - 5 = ☐
8 - 6 = ☐	7 - 5 = ☐	8 - 7 = ☐

8 - 4 - 2 = ☐	8 - 0 - 7 = ☐
7 - 3 - 3 = ☐	6 - 3 - 2 = ☐
8 - 2 - 6 = ☐	8 - 5 - 3 = ☐
8 - 1 - 5 = ☐	8 - 0 - 5 = ☐

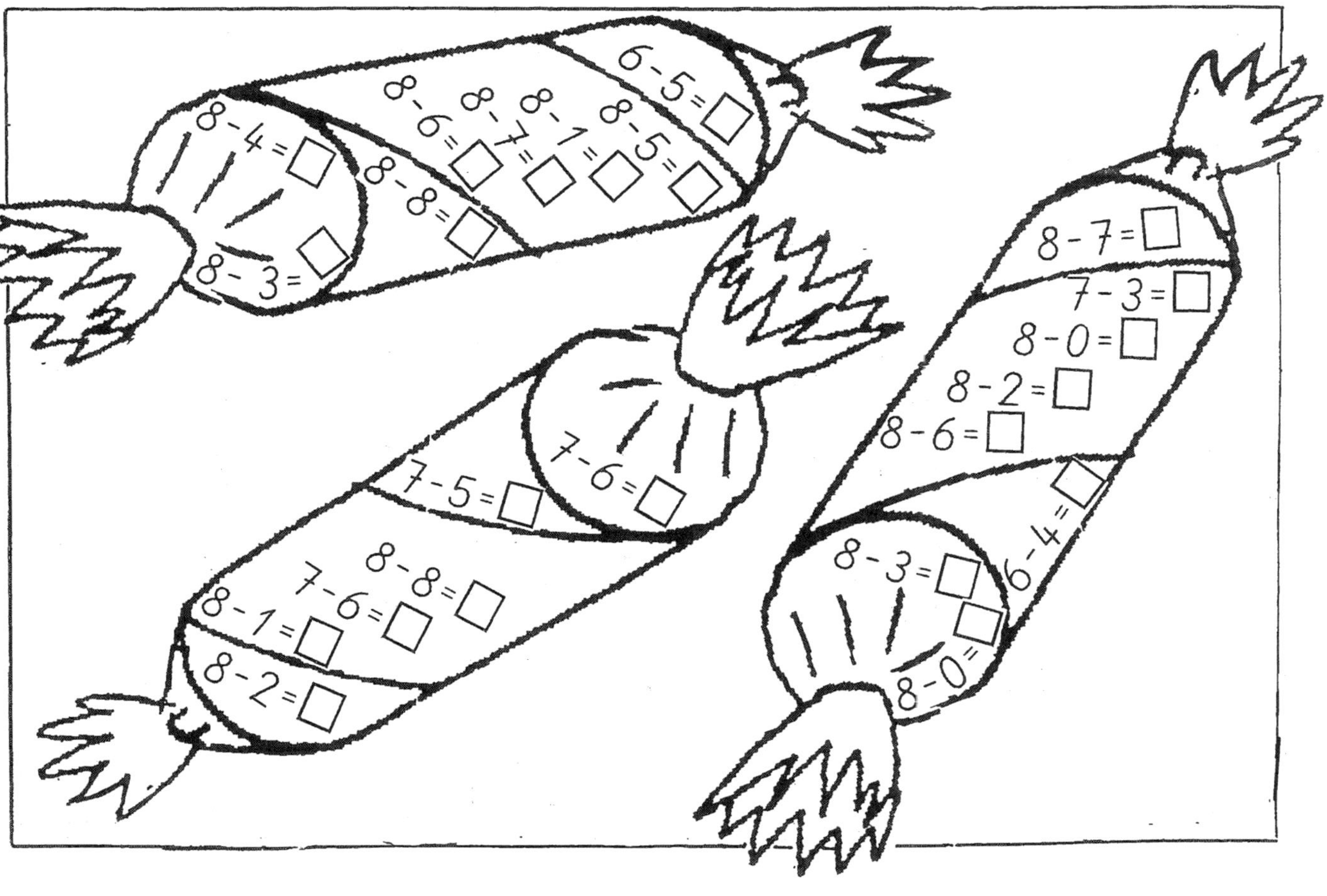

Was passiert? + oder – ?

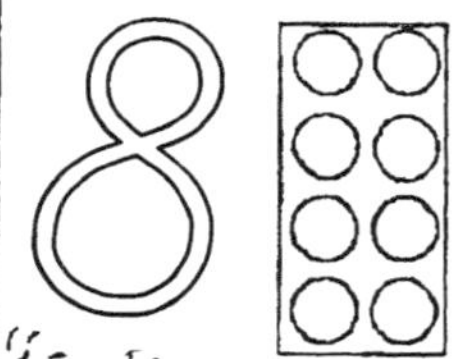

5 + 3 = ☐

8 – 4 = ☐

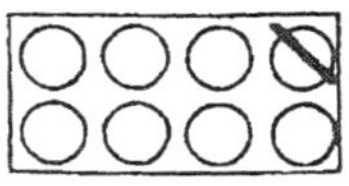

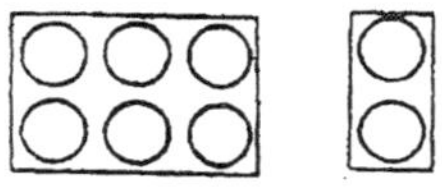

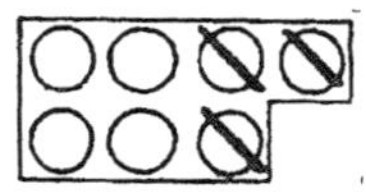

☐ ◯ ☐ ◯ ☐ | ☐ ◯ ☐ ◯ ☐ | ☐ ◯ ☐ ◯ ☐

Male zur Rechnung!

4 + 4 = ☐	8 – 7 = ☐	8 – 5 = ☐
8 – 4 = ☐	8 – 0 = ☐	6 + 2 = ☐
1 + 7 = ☐	5 + 2 = ☐	7 – 3 = ☐

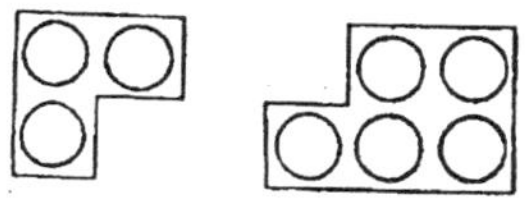 3 + 5 = □	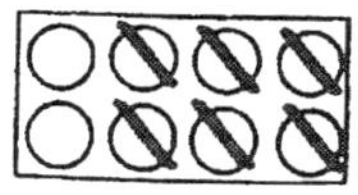 8 − 6 = □	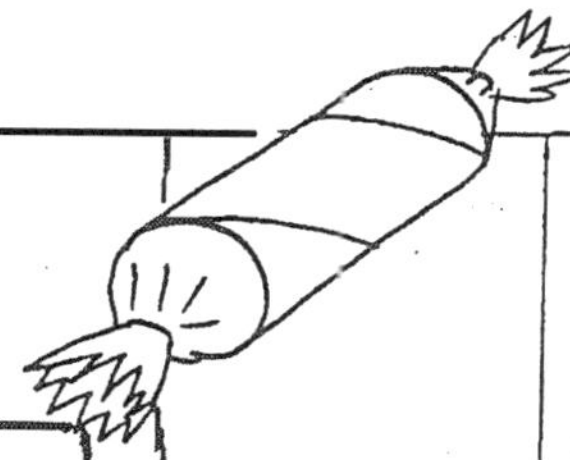	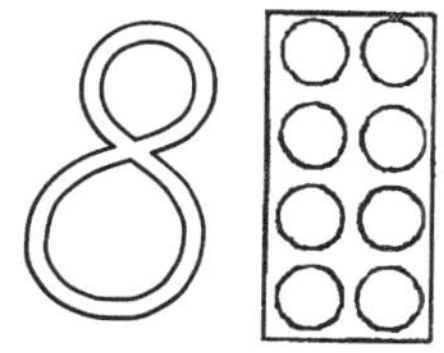
5 + 3 = □	8 − 1 = □	8 − 5 = □	
8 − 0 = □	2 + 6 = □	7 + 1 = □	
8 + 0 = □	8 − 3 = □	8 − 3 = □	

+ oder − ?

2 (+) 6 = 8	8 ○ 5 = 3	8 ○ 7 = 1
8 ○ 4 = 4	1 ○ 7 = 8	5 ○ 3 = 8
3 ○ 4 = 7	8 ○ 8 = 0	8 ○ 3 = 5

0 = weiß
1 = hell-braun
2 = grün
3 = dunkel-braun
4 = lila
5 = blau
6 = orange
7 = rot
8 = gelb

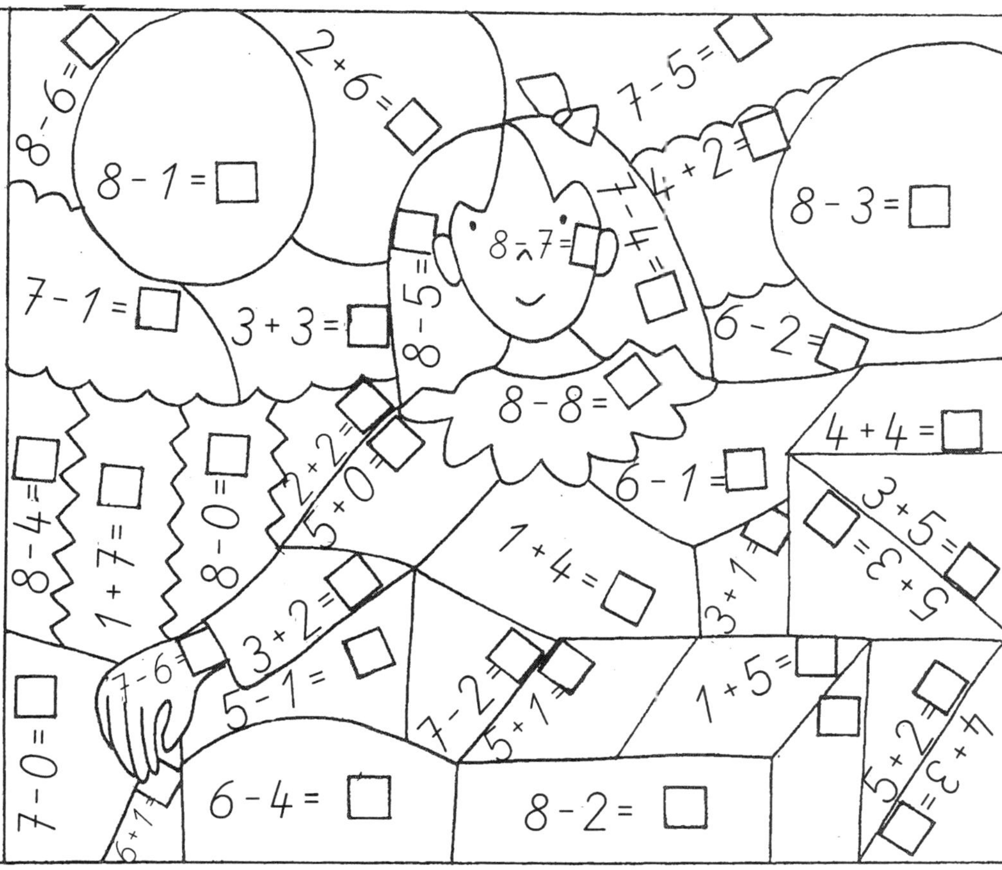

Zerlege und rechne!

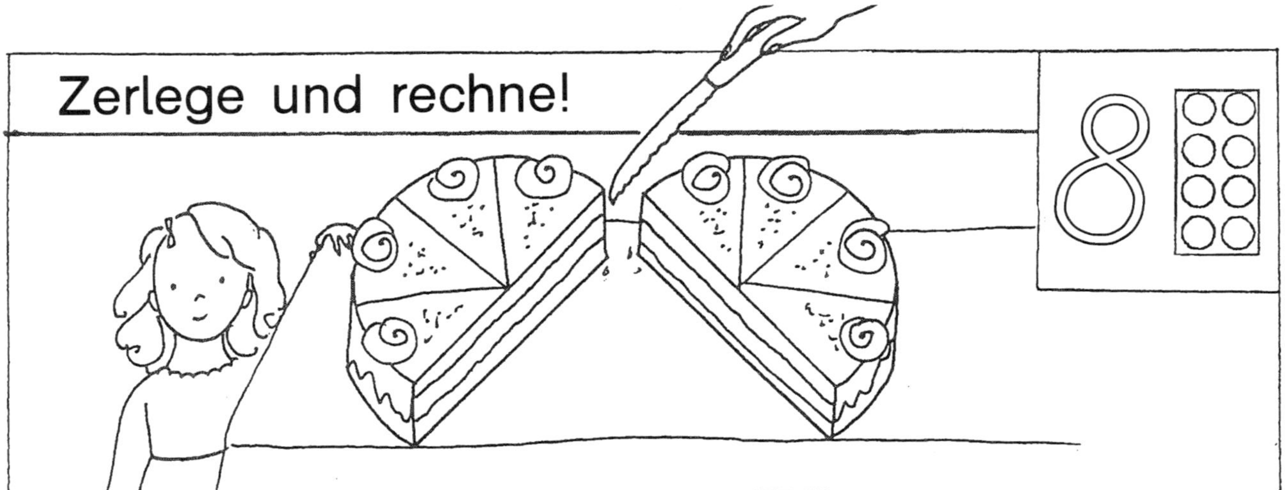

8 = 4 + □

8 = 4 + □

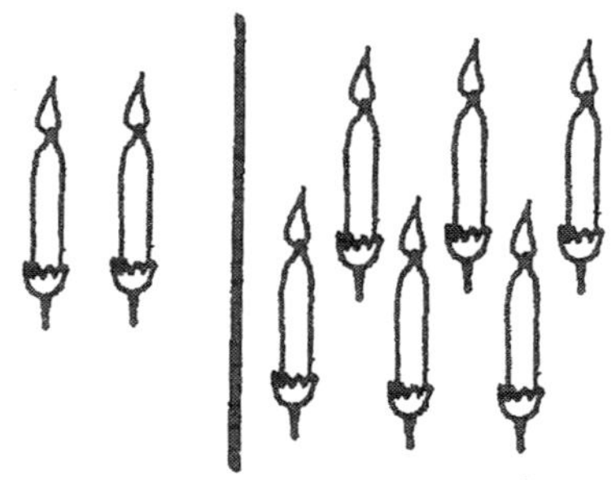

8 = 2 + □

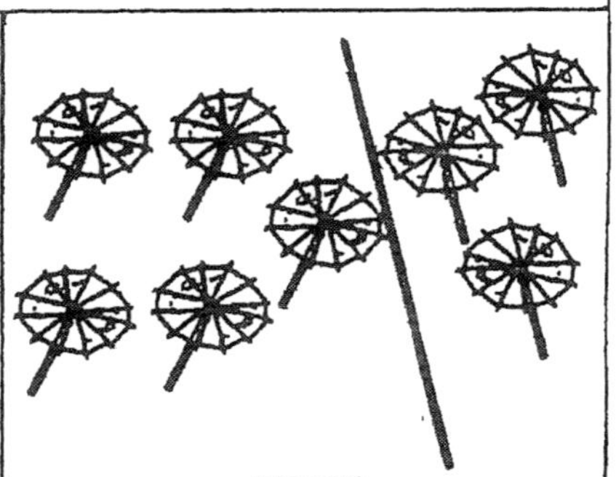

8 = □ + 3

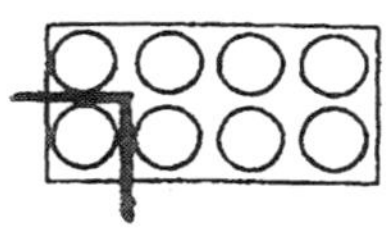

8 = 1 + □

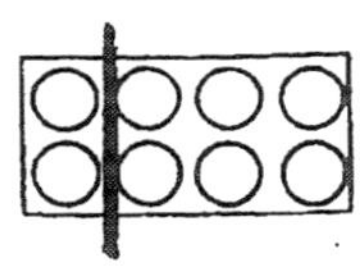

8 = □ + 6

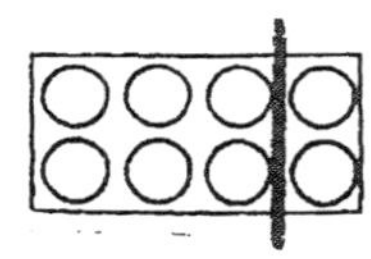

8 = 6 + □

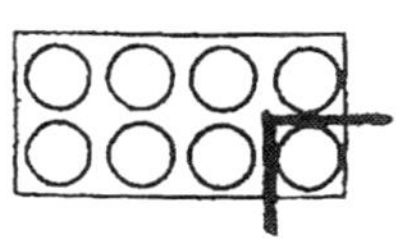

8 = 7 + □

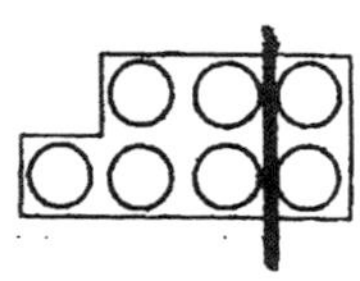

7 = 5 + □

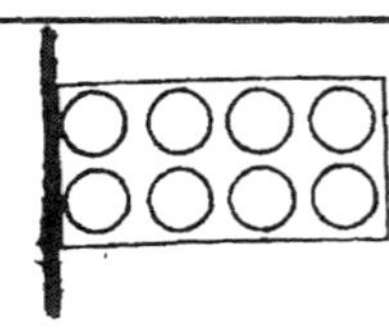

8 = 0 + □

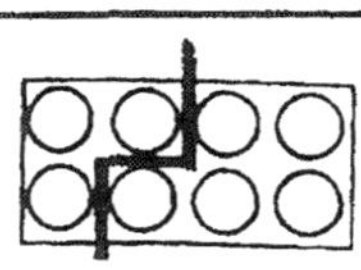

8 = □ + 5

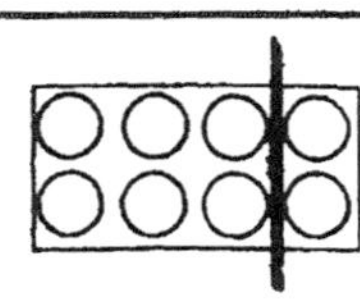

8 = □ + 2

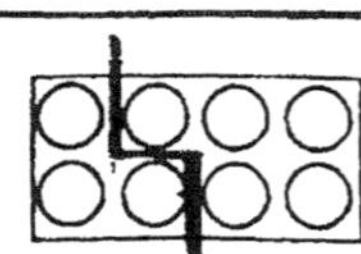

8 = 3 + □

Male die Rechnung!

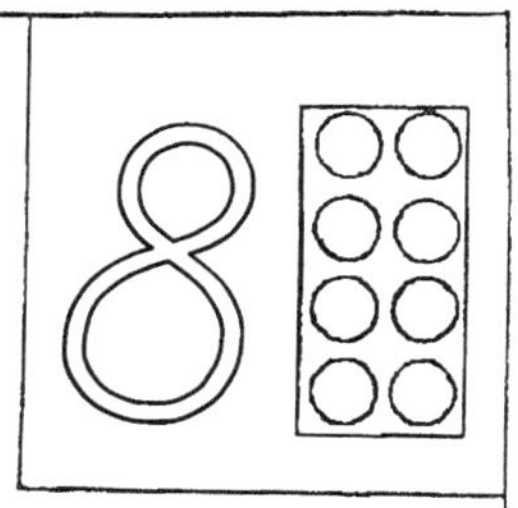

8 = □ + 1	8 = 2 + □	
8 = 8 + □	6 = □ + 4	8 = 5 + □
8 = 6 + □	8 = □ + 6	8 = 7 + □

Wie heißt die Rechnung?

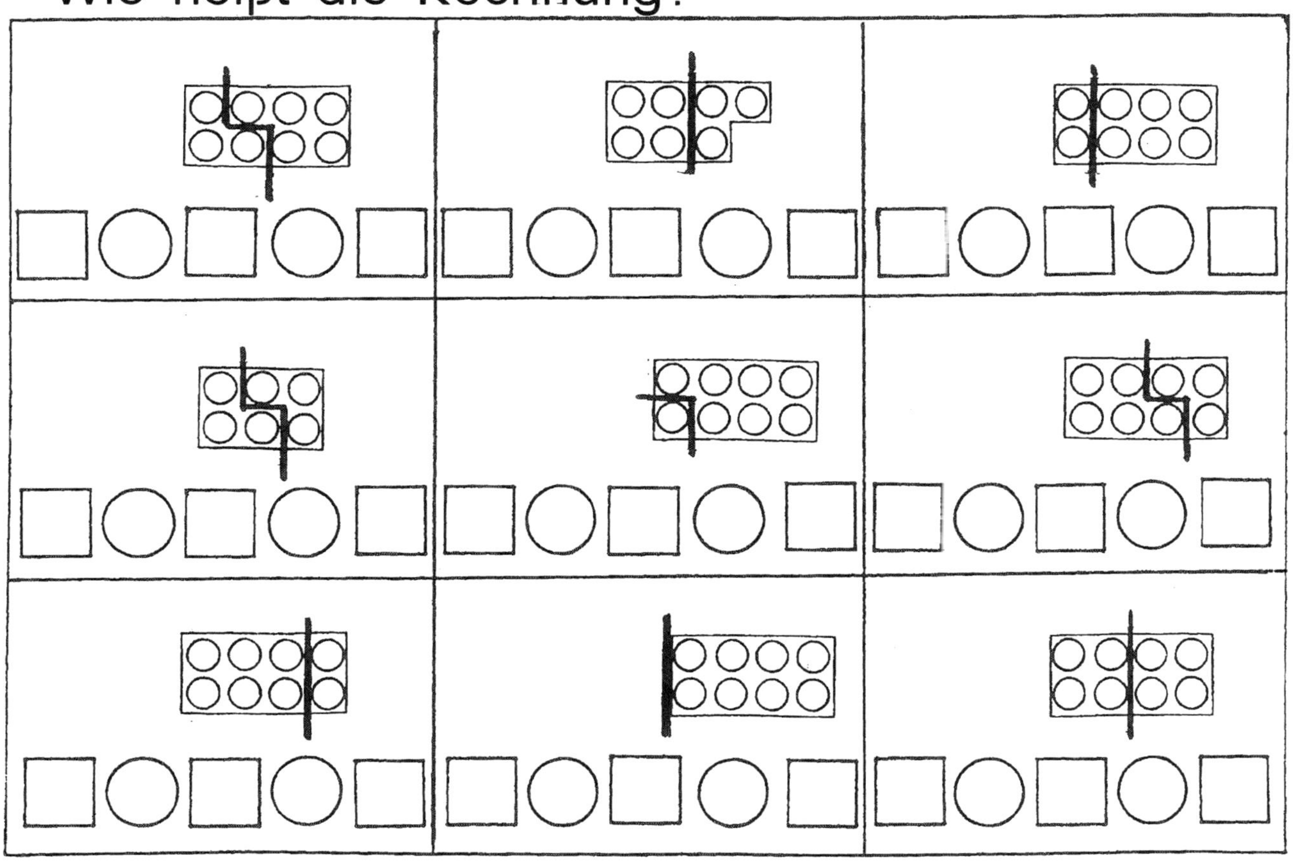

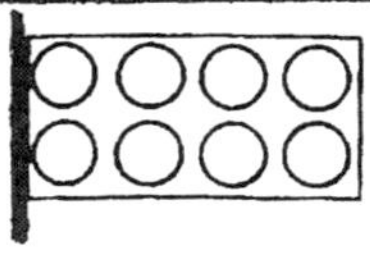 8 = 0 + □	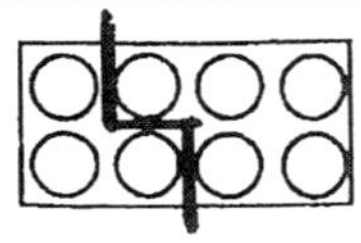 8 = □ + 5	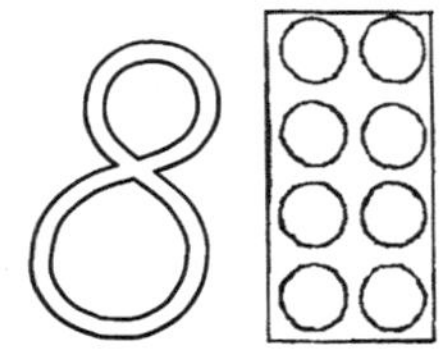
8 = 2 + □	8 = □ + 8	8 = 1 + □
8 = □ + 7	8 = 8 + □	6 = 4 + □
8 = 6 + □	7 = □ + 5	8 = □ + 1
8 = 4 + □	8 = 3 + □	8 = □ + 5
8 = □ + 1	8 = □ + 2	8 = 6 + □
6 = 3 + □	8 = 5 + □	7 = □ + 3
8 = □ + 6	7 = 2 + □	8 = 7 + □

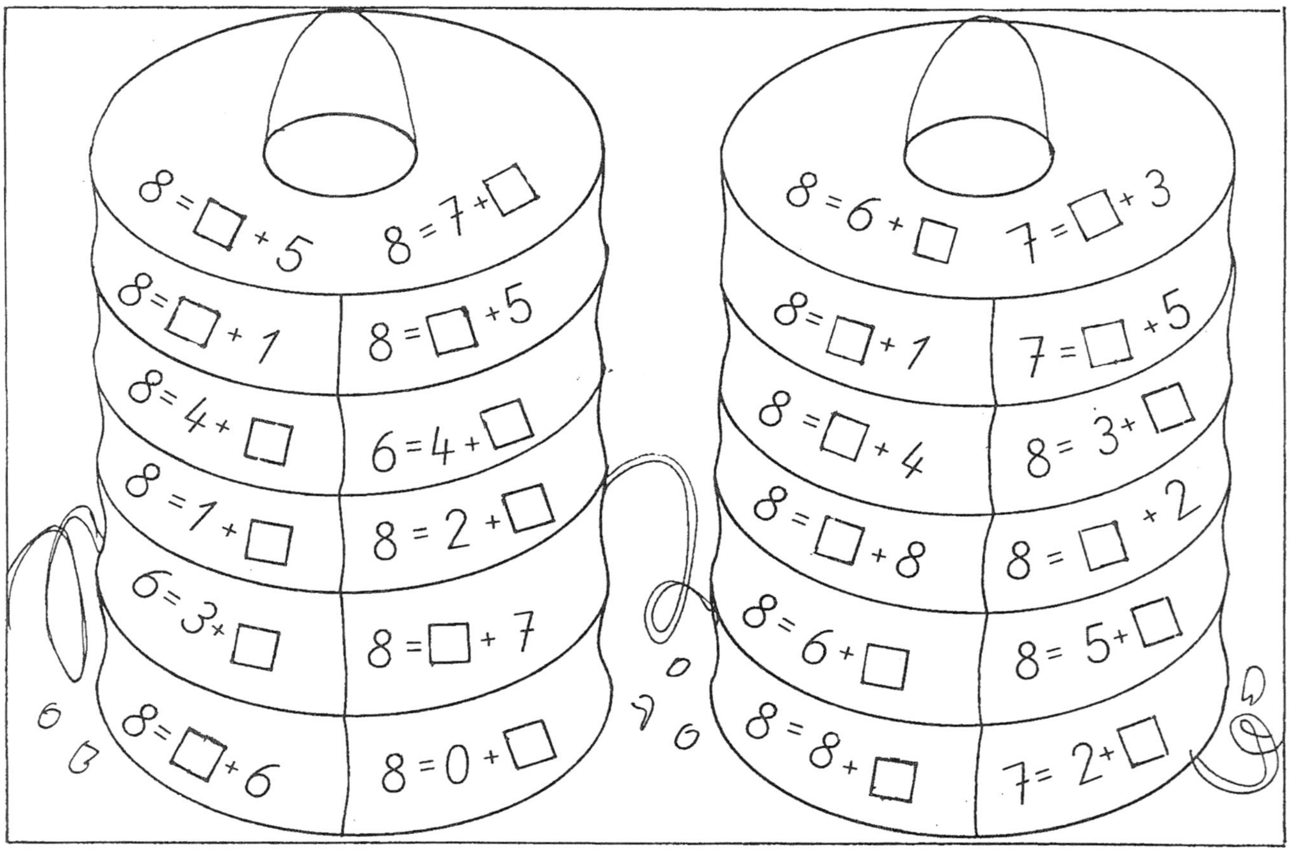

Wie viele fehlen?

5 + □ = 8

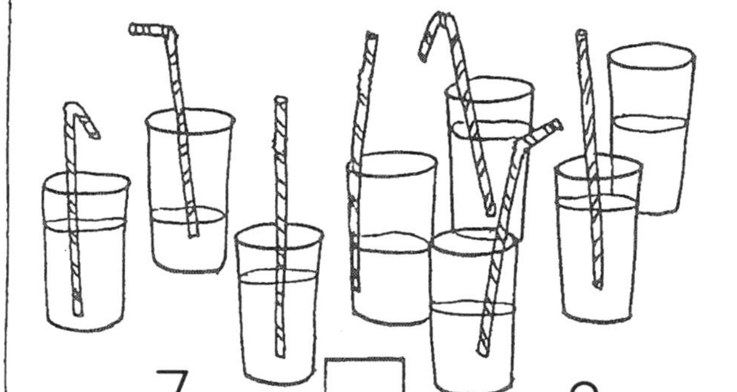

7 + □ = 8

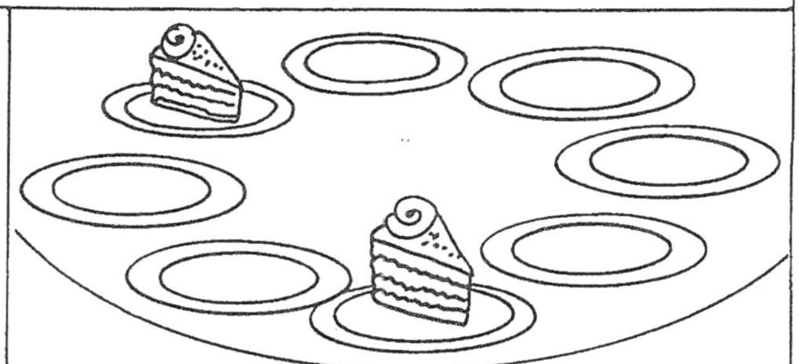

2 + □ = 8

Wie viele Kugeln fehlen?

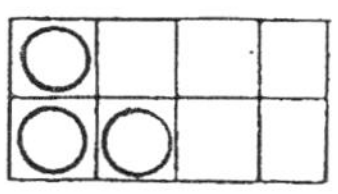

3 + □ = 8

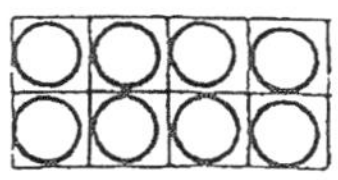

8 + □ = 8

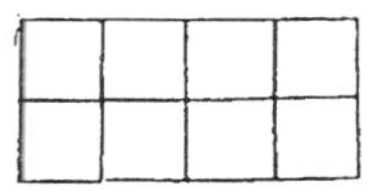

0 + □ = 8

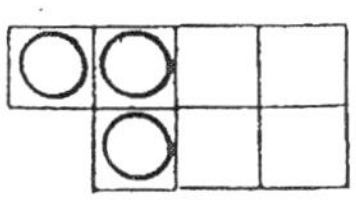

3 + □ = 7

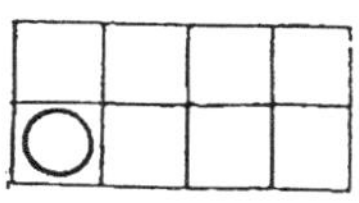

1 + □ = 8

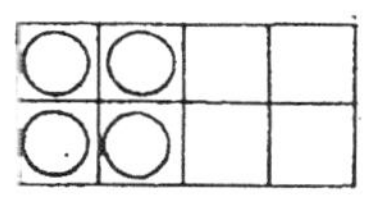

4 + □ = 8

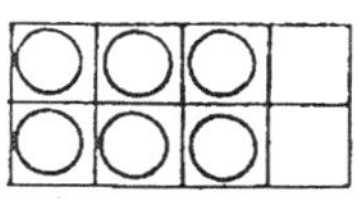

6 + □ = 8

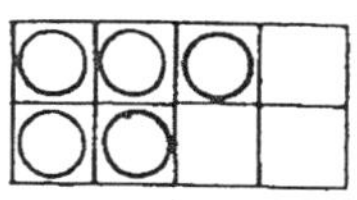

5 + □ = 8

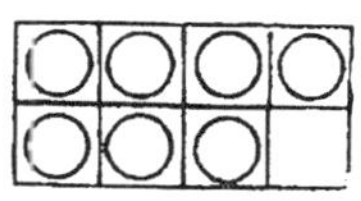

7 + □ = 8

Male mit 2 Farben zur Rechnung!

$4 + \square = 8$

$7 + \square = 8$

$5 + \square = 7$

$2 + \square = 8$

$5 + \square = 8$

$0 + \square = 8$

$3 + \square = 8$

$1 + \square = 8$

$6 + \square = 8$

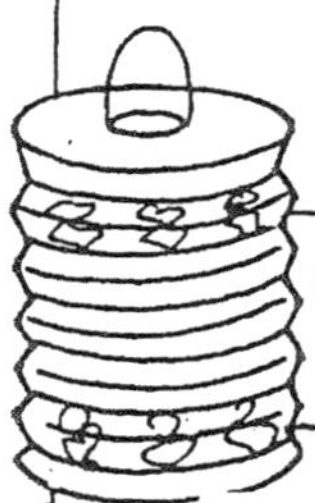

Wie heißt die Rechnung?

Kistler/Schneider: Rechnen ohne Stolperstein · Band 2A

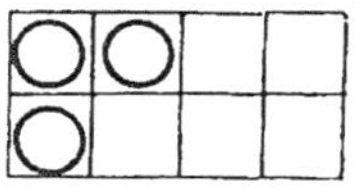

3 + □ = 8

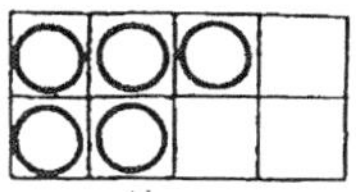

5 + □ = 8

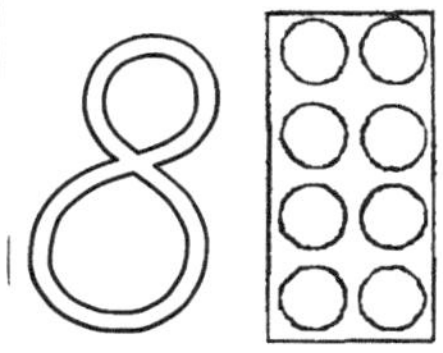

5 + □ = 6	7 + □ = 8	2 + □ = 8
4 + □ = 8	4 + □ = 7	1 + □ = 7
6 + □ = 8	8 + □ = 8	0 + □ = 8
1 + □ = 8	1 + □ = 6	2 + □ = 8
3 + □ = 8	4 + □ = 8	0 + □ = 7
6 + □ = 8	7 + □ = 8	5 + □ = 8
2 + □ = 7	8 + □ = 8	

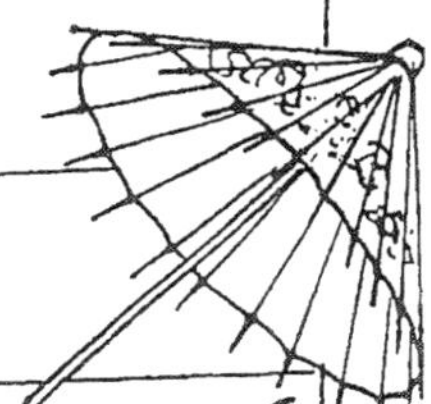

3 + □ = 8	5 + □ = 8	1 + □ = 6
5 + □ = 7	2 + □ = 6	7 + □ = 8
4 + □ = 8	1 + □ = 8	4 + □ = 8
6 + □ = 8	0 + □ = 8	8 + □ = 8
2 + □ = 8	1 + □ = 8	1 + □ = 8
0 + □ = 8	4 + □ = 8	3 + □ = 8
5 + □ = 8	7 + □ = 7	6 + □ = 7
0 + □ = 7	8 + □ = 8	2 + □ = 8

Was passiert? + / − /  / 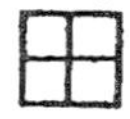

8 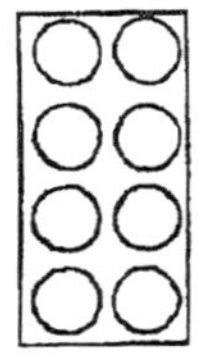

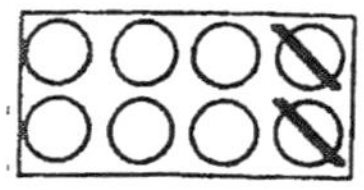 $8 - 2 = \square$	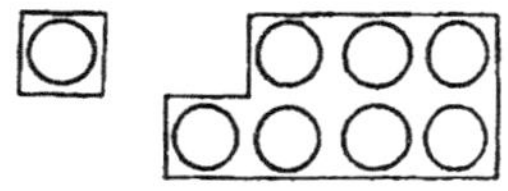 $1 + 7 = \square$	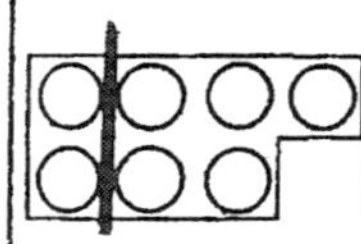 $7 = 2 + \square$
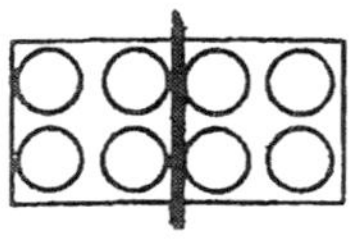 $8 = \square + 4$	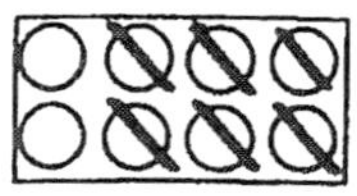 $8 - 6 = \square$	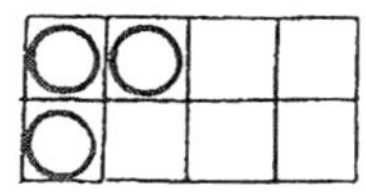 $3 + \square = 8$
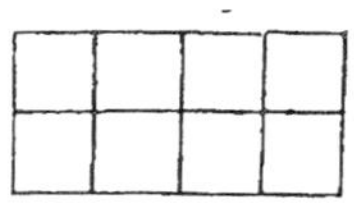 $0 + \square = 8$	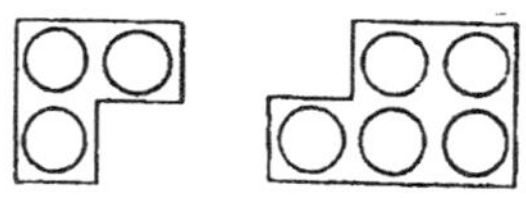 $3 + 5 = \square$	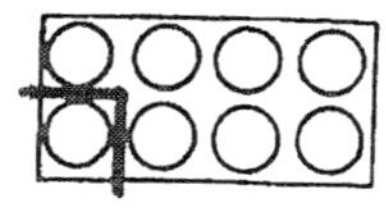 $8 = 1 + \square$

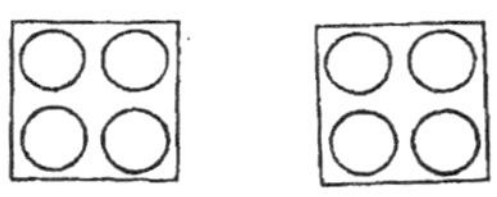	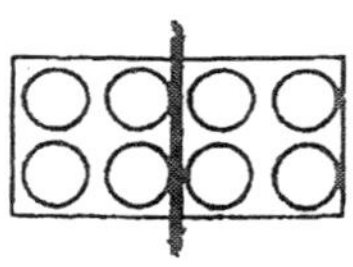	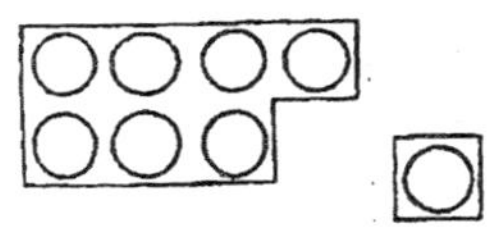
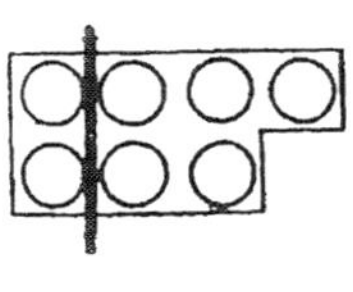	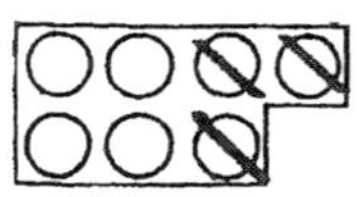	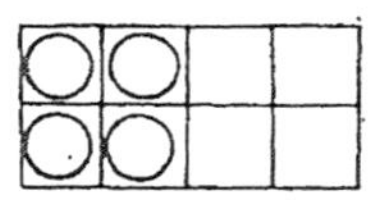
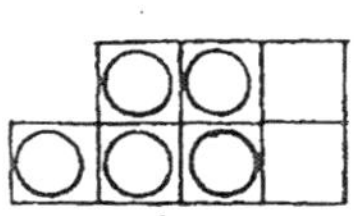	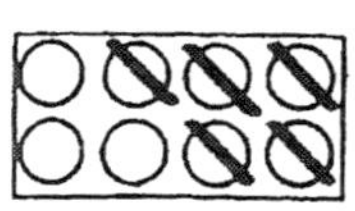	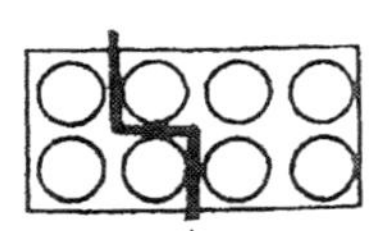

2 + 6 = □	8 − 1 = □	8
8 = 4 + □	7 + □ = 8	2 + □ = 7
7 − 5 = □ 5 + □ = 8 8 = 2 + □ 1 + 7 = □	8 = 0 + □ 6 + □ = 8 0 + 8 = □ 8 − 6 = □	8 − 4 = □ 6 + 2 = □ 8 = □ + 6 4 + □ = 8

Male die Eiskugeln richtig an!

8 − 0 = □   8 − 5 = □   8 − 2 = □   2 + 5 = □   4 + 4 = □   8 = 2 + □

6 − 5 = □   7 + 1 = □   8 = □ + 1   8 = 7 + □   8 − 7 = □   3 + 4 = □

8 − 1 = □   5 + □ = 8   6 − 3 = □   5 + 3 = □   7 + □ = 8   7 − 4 = □

6 + 2 = □   1 + □ = 8   0 + □ = 8   7 − 0 = □   3 + 3 = □

7 = 4 + □   7 − 1 = □   6 + □ = 7   8 = 5 + □   1 + 7 = □   2 + □ = 8

8	7	3	1	6
rot	grün	gelb	braun	rosa

Zwillings- Geburtstag: Alles doppelt !

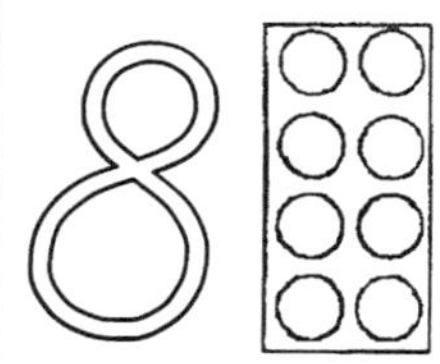

4 + 4 = ☐

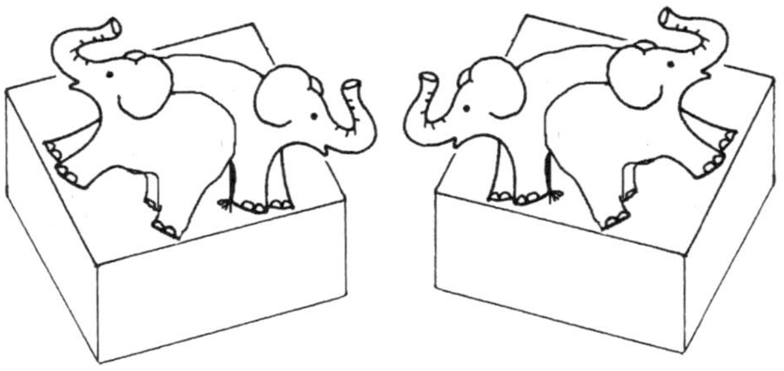

2 + 2 = ☐

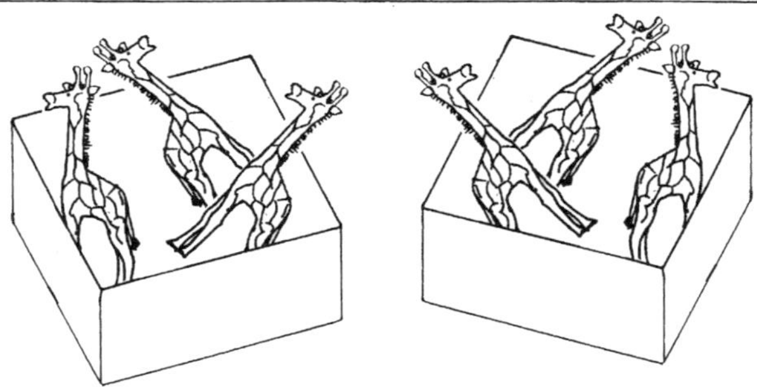

3 + 3 = ☐

Das Doppelte: Male dazu, schreibe selbst !

1 + ☐ = ☐

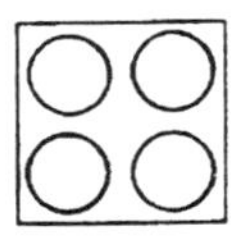

4 + ☐ = ☐

2 + ☐ = ☐

3 + ☐ = ☐

0 + ☐ = ☐

1 + ☐ = ☐

4 + ☐ = ☐

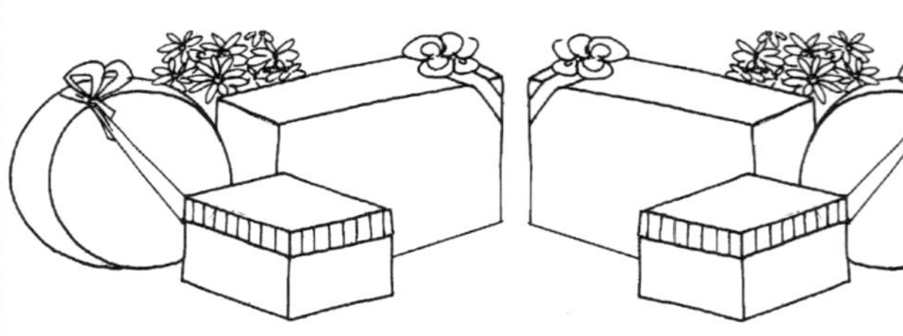

Halbieren: Die Zwillinge teilen gerecht

8 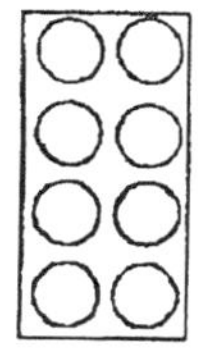

8 = 4 + ☐

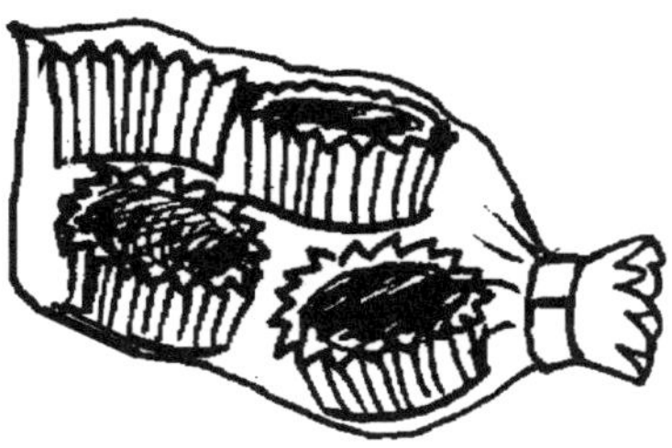

4 = 2 + ☐

6 = 3 + ☐

Halbieren: Male und schreibe !

2 = ☐ + ☐

4 = ☐ + ☐

6 = ☐ + ☐

0 = ☐ + ☐

8 = ☐ + ☐

2 = ☐ + ☐

8 = ☐ + ☐

Denkaufgaben mit der 8

Rechengeschichten

Auf der Torte sind 8 Kerzen
Anna hat 4 Kerzen ausgeblasen.
Wie viele Kerzen brennen noch?

Wir rechnen: □ ○ □ ○ □

Wir antworten:

Mutter hat 2 Girlanden aufgehängt.
Sie hängt 6 weitere Girlanden auf.
Wie viele Girlanden hängen jetzt?

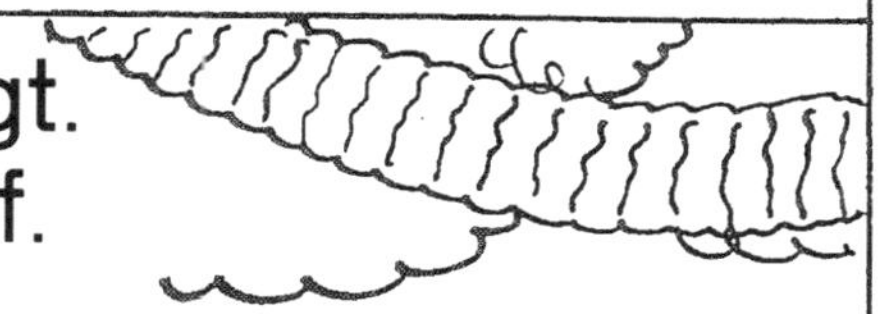

Wir rechnen: □ ○ □ ○ □

Wir antworten:

Zum Geburtstag sind 8 Kinder eingeladen.
2 Kinder müssen früher gehen.
Wie viele Kinder bleiben noch?

Wir rechnen: □ ○ □ ○ □

Wir antworten:

Mutter stellt 4 schwarze Schokoküsse auf den Tisch. Dann stellt sie noch 4 weiße dazu.
Wie viele Schokoküsse sind auf dem Tisch?

Wir rechnen: □ ○ □ ○ □

Wir antworten:

Alle Neune

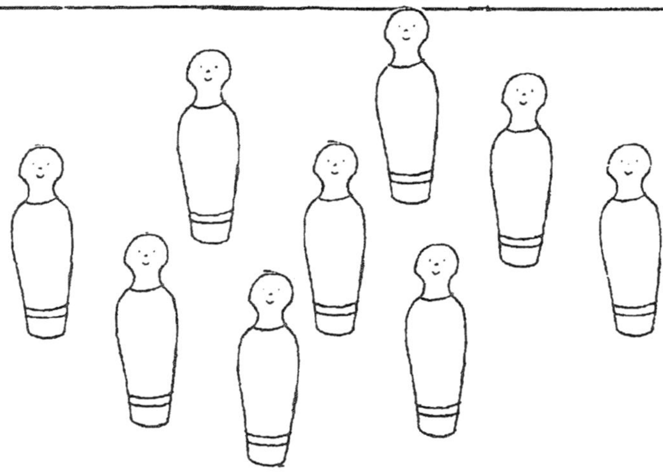

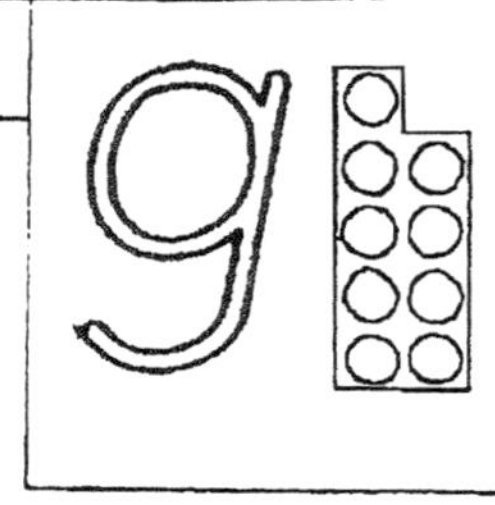

Male nur aus, wenn es 9 Kegel sind!

Male immer 9 Kegel in einer Farbe!

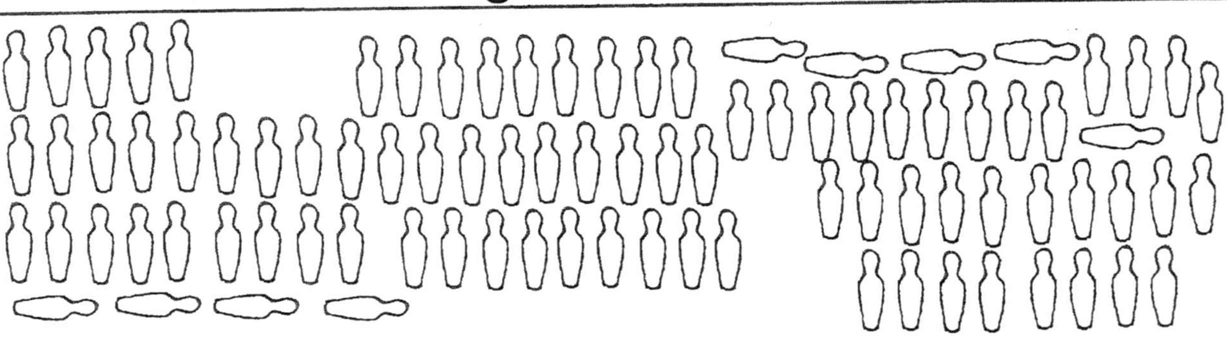

Male immer 9 Kegel in die Kiste!

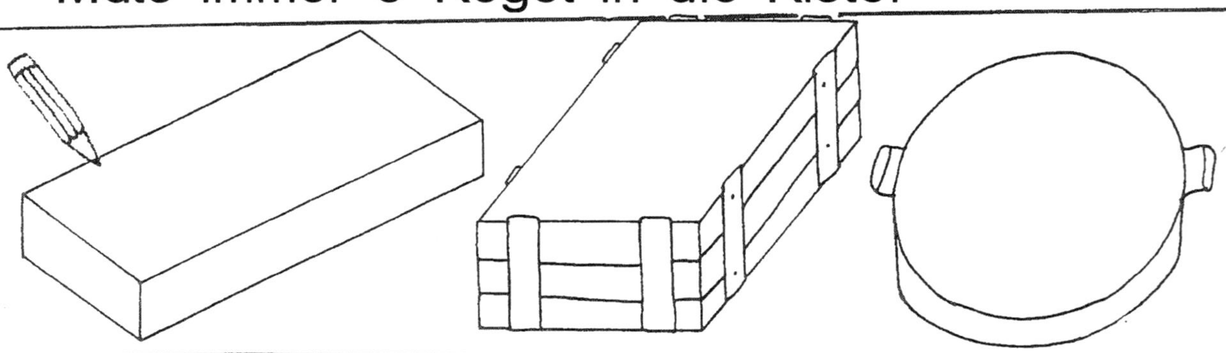

Male alle 9er Plättchen an!

Male ein Muster. Immer 9 in einer Farbe!

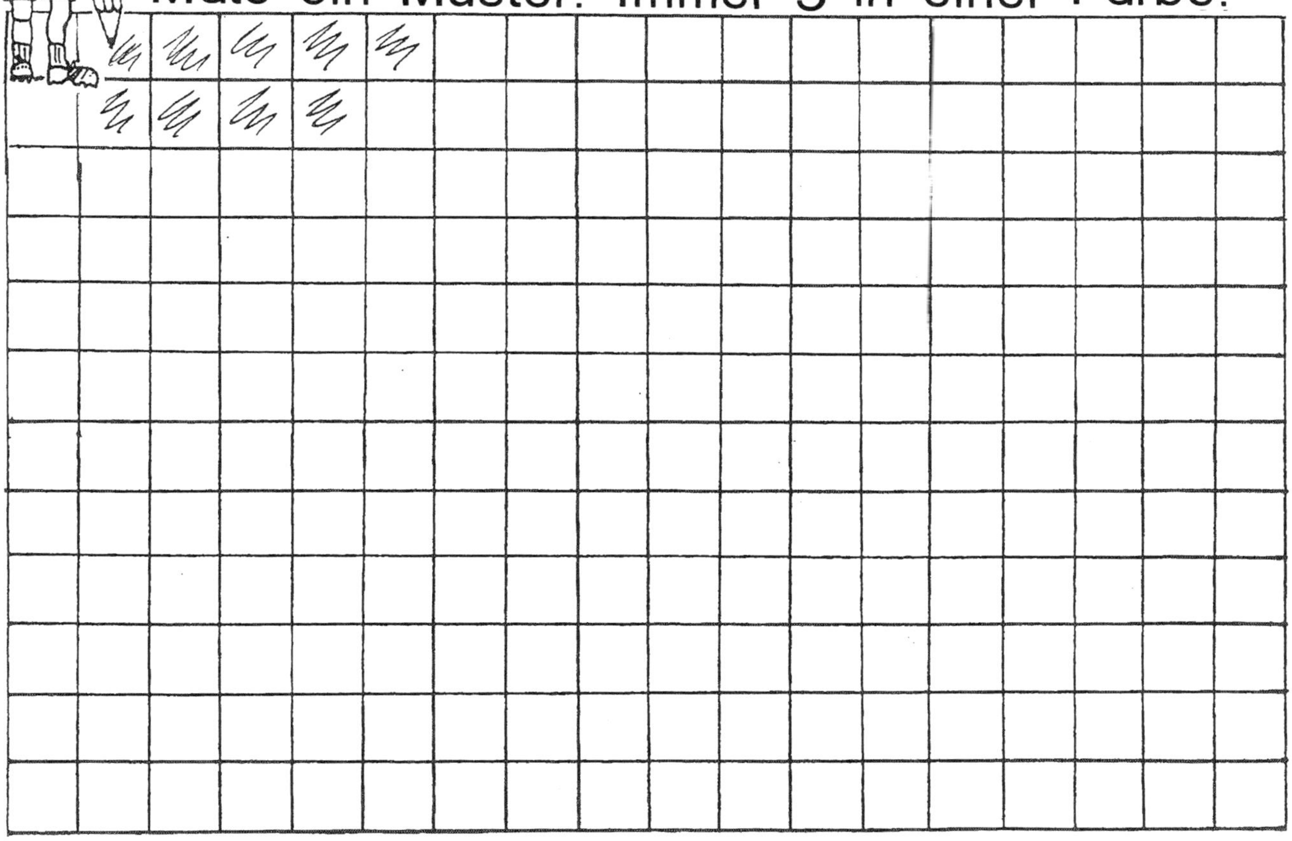

Spure nach und schreibe!

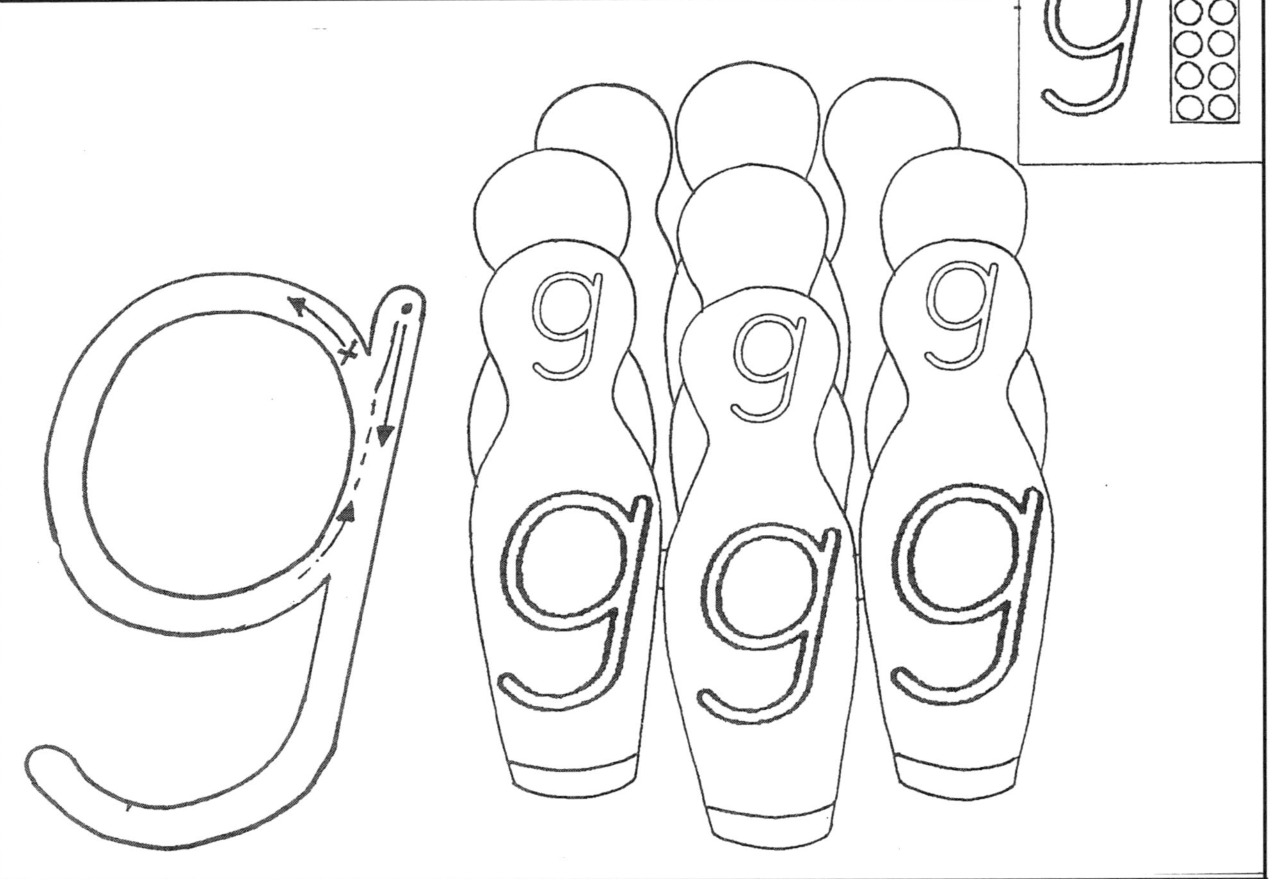

Kistler/Schneider: Rechnen ohne Stolperstein · Band 2A

Male die Punkte in der Reihenfolge!

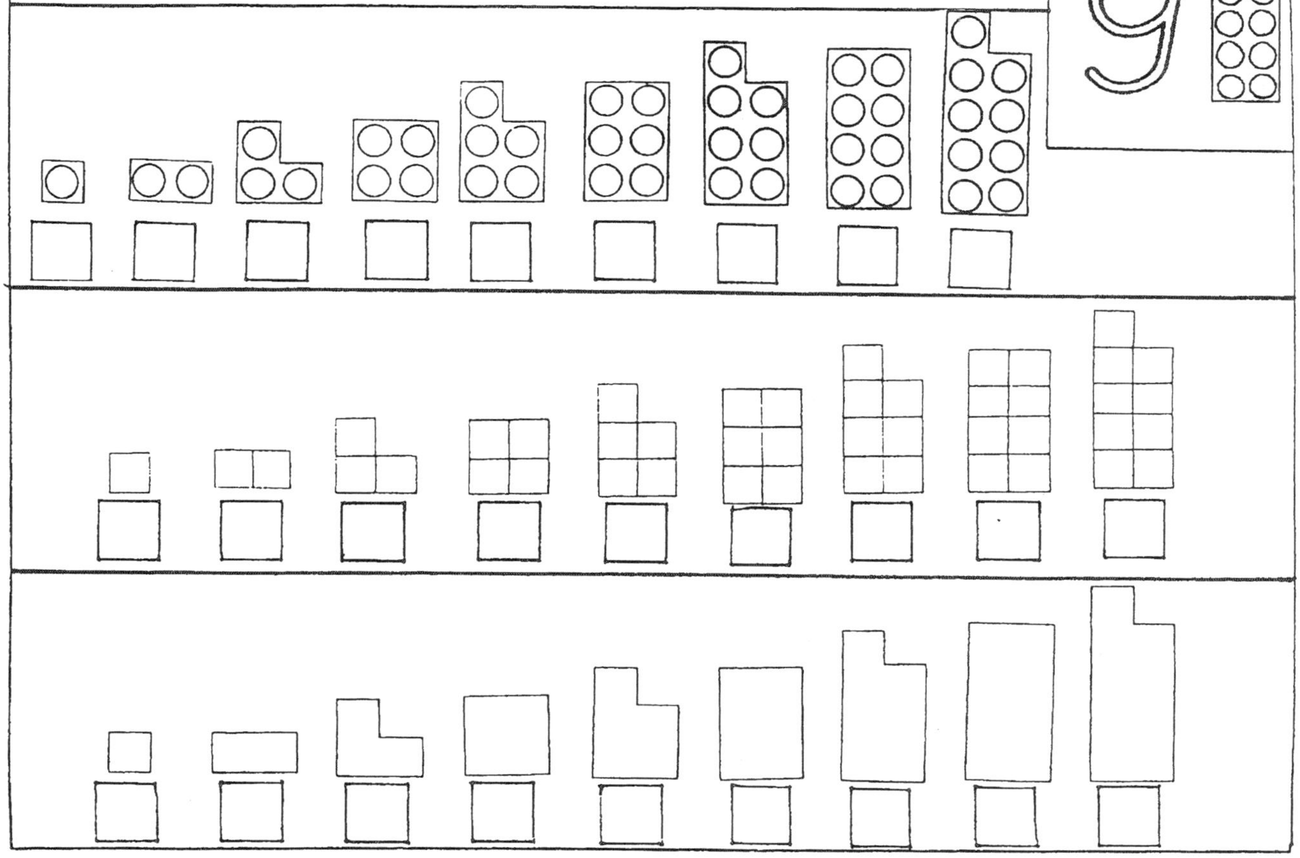

Verbinde in der richtigen Reihenfolge!

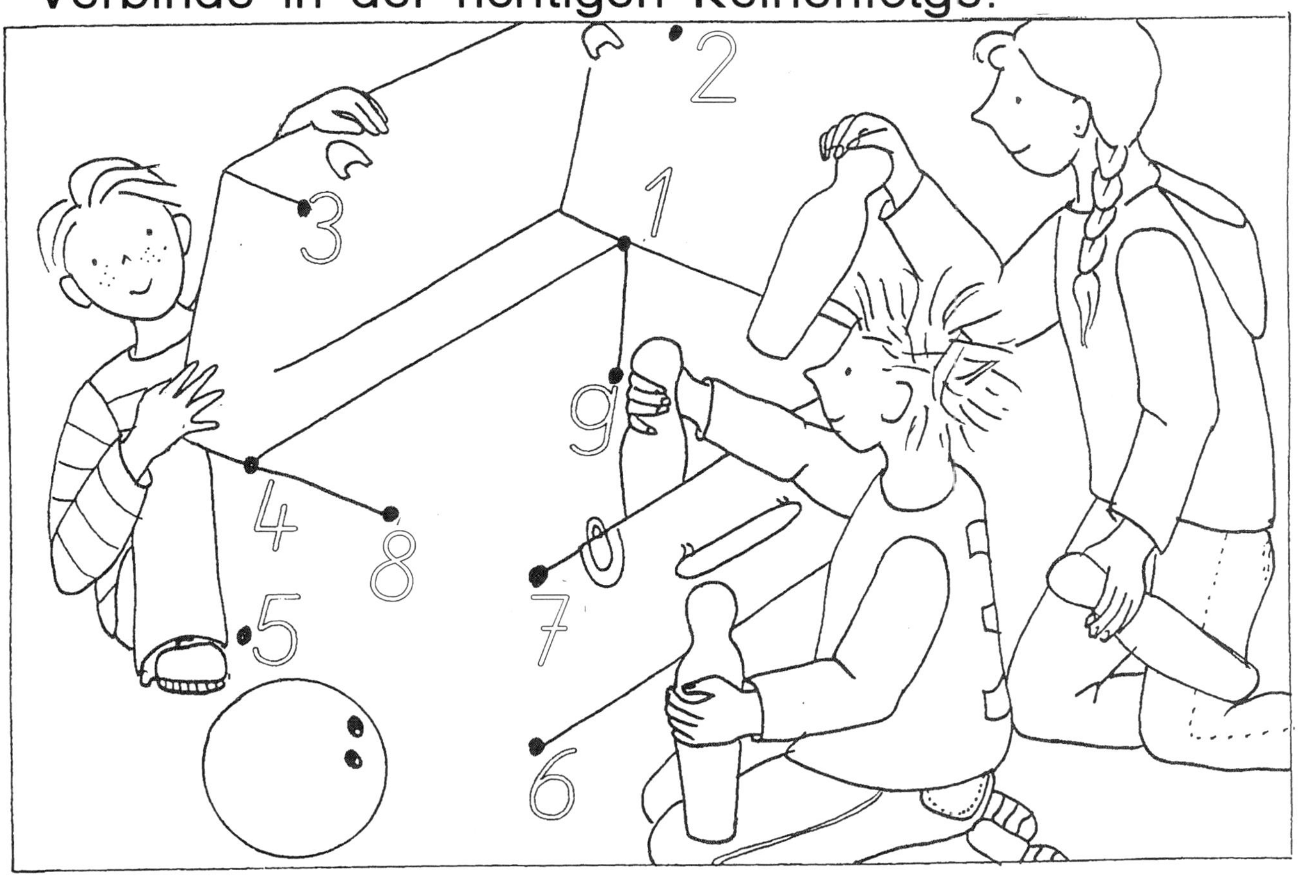

Du kennst dich bis 9 gut aus!

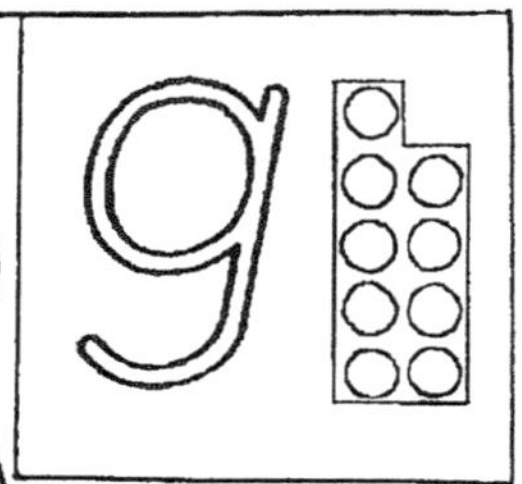

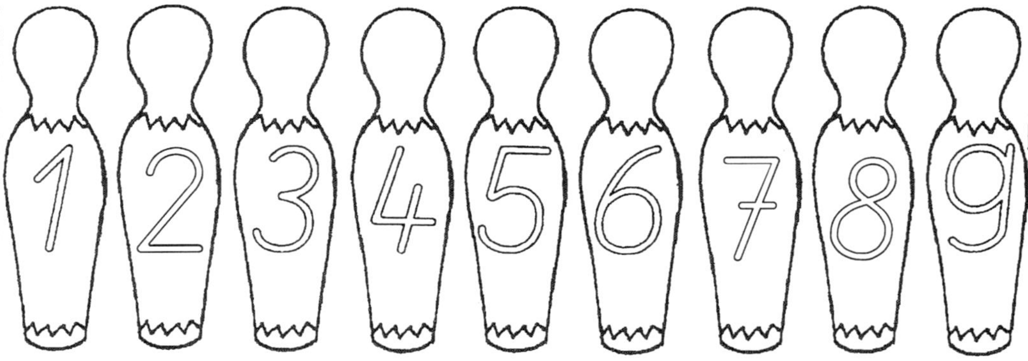

Welche Zahlen fehlen?

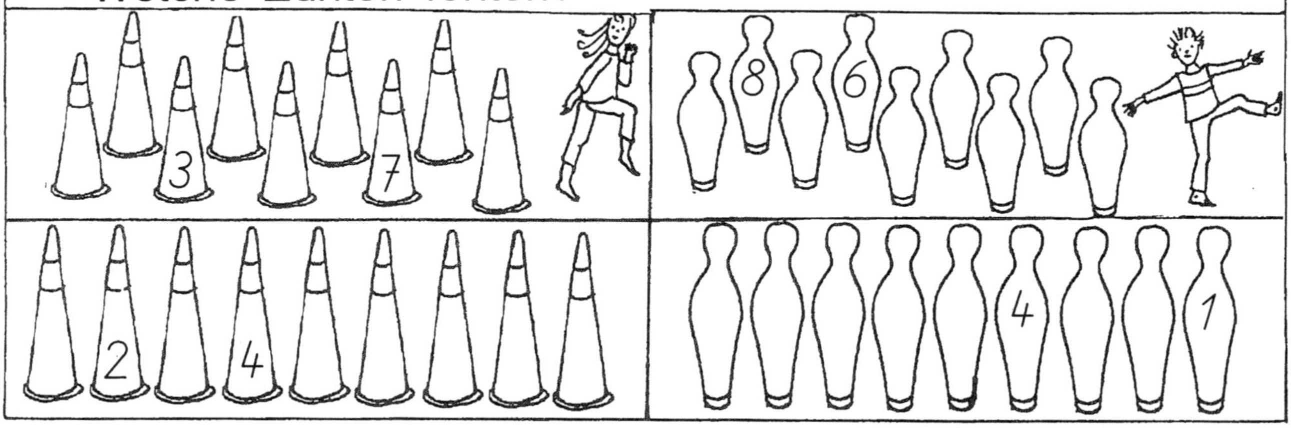

Nachbar-Kegel

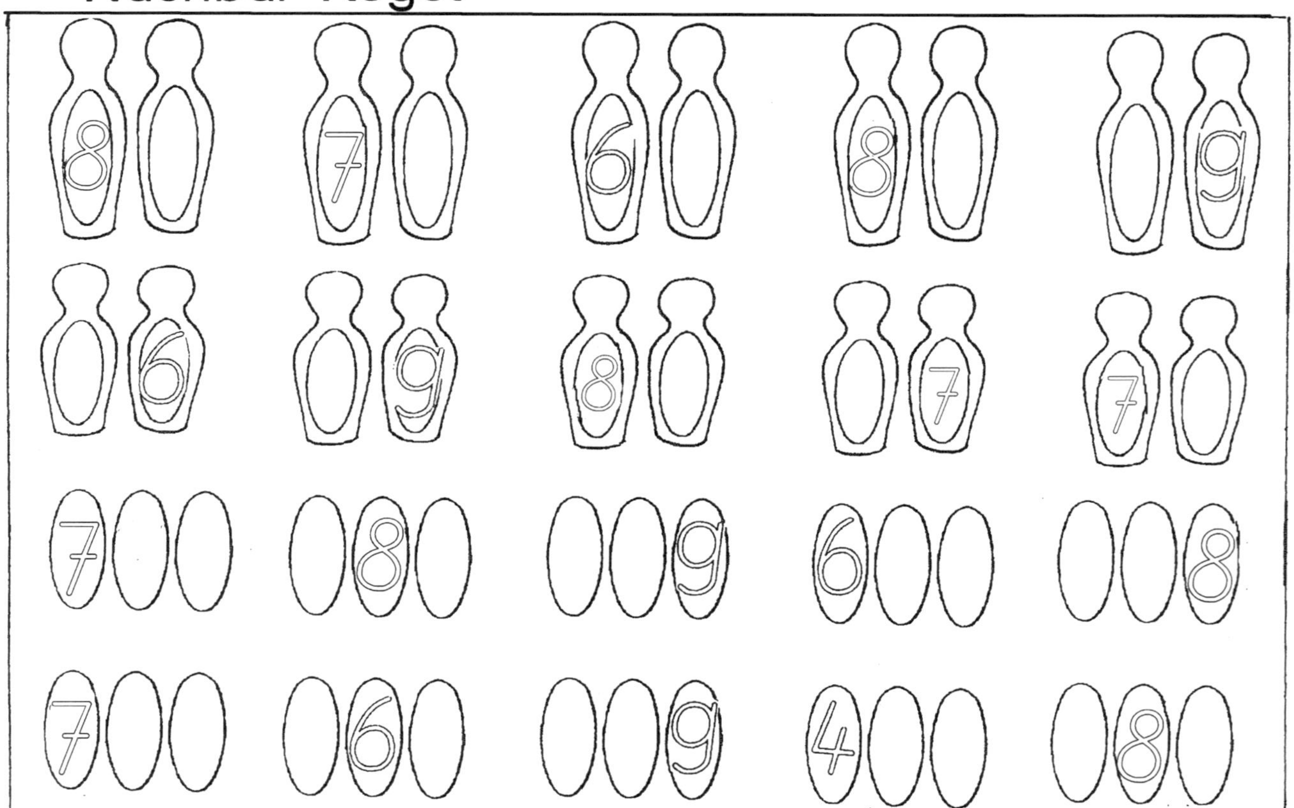

Wir vergleichen: > = <

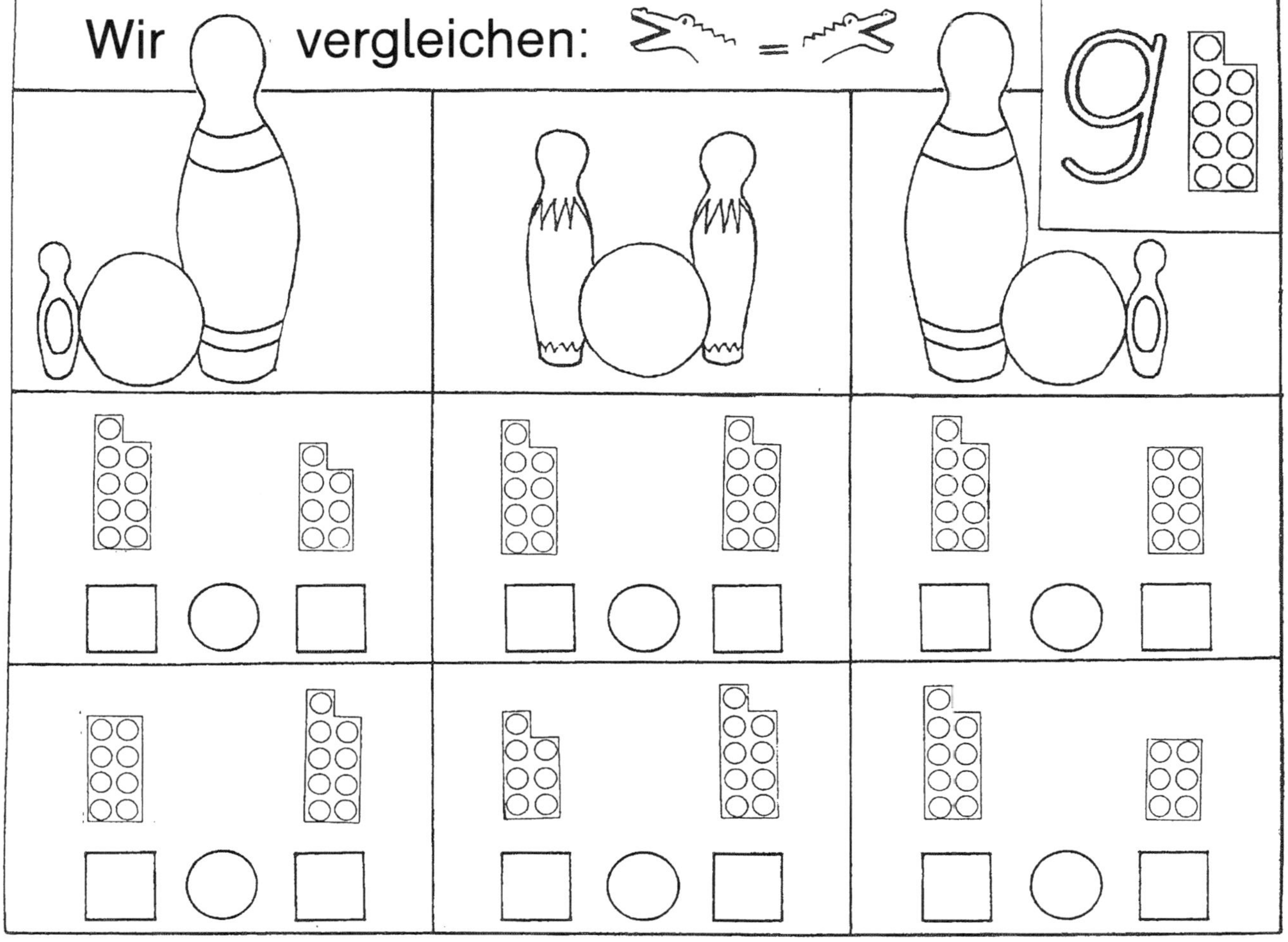

9 ○ 0	3 ○ 9	9 ○ 6	9 ○ 8
2 ○ 9	9 ○ 4	5 ○ 9	7 ○ 9
8 ○ 9	9 ○ 5	9 ○ 7	4 ○ 9
9 ○ 4	8 ○ 8	6 ○ 9	9 ○ 9

8 > □	7 < □	9 > □	8 < □
9 > □	6 > □	3 < □	9 > □
5 < □	9 > □	9 = □	0 < □

Zer legen

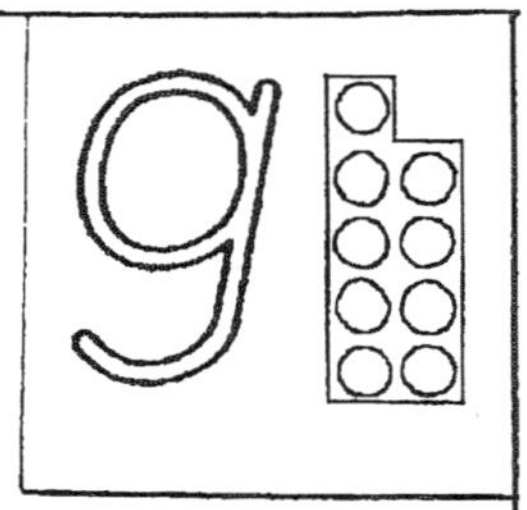

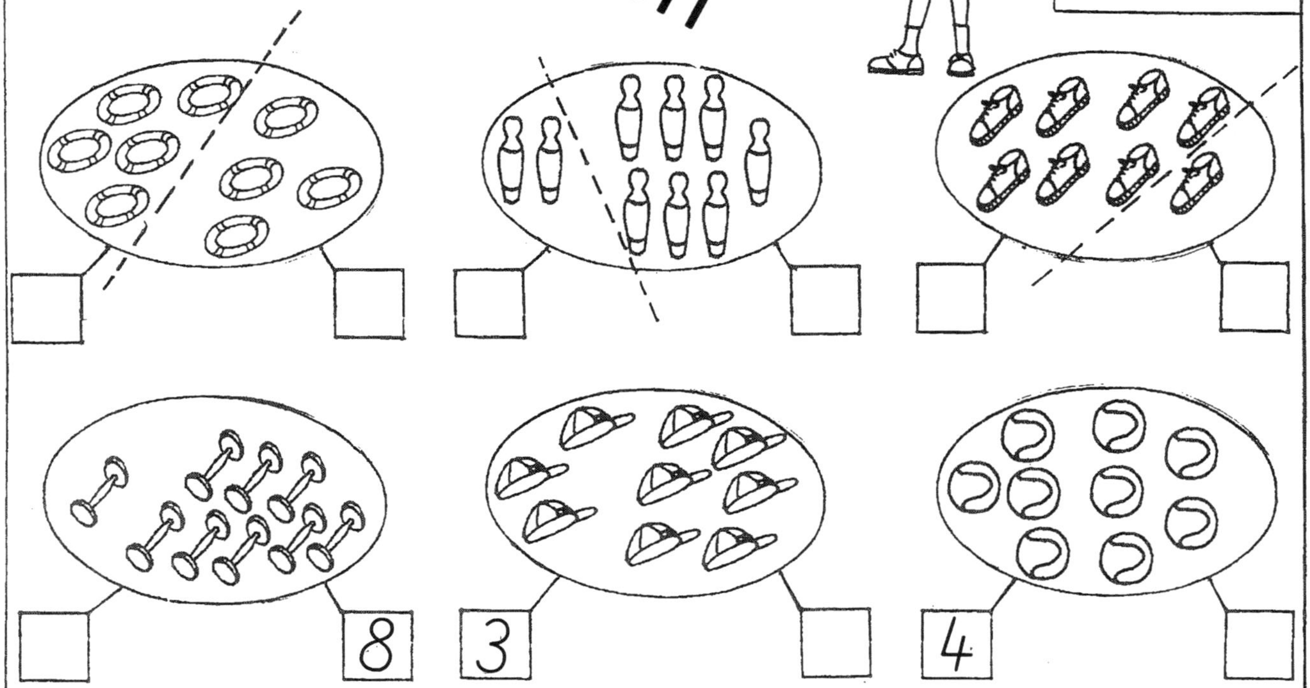

Wie ist die 9 aufgeteilt?

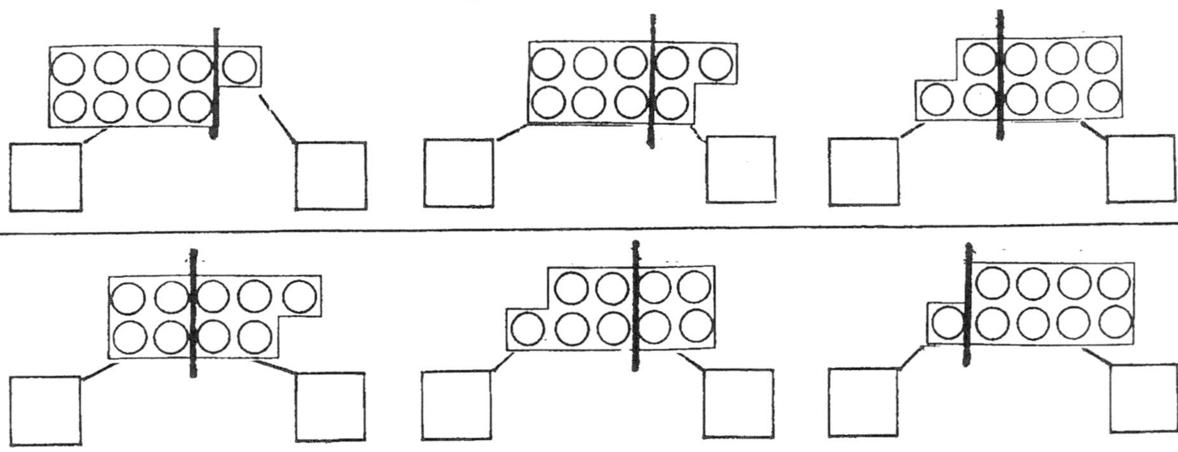

Teile selbst auf!

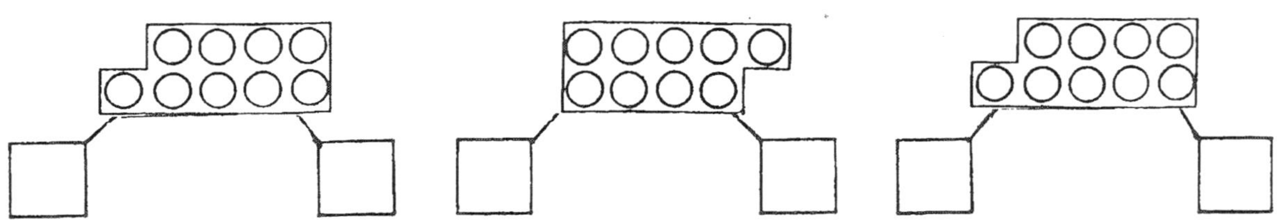

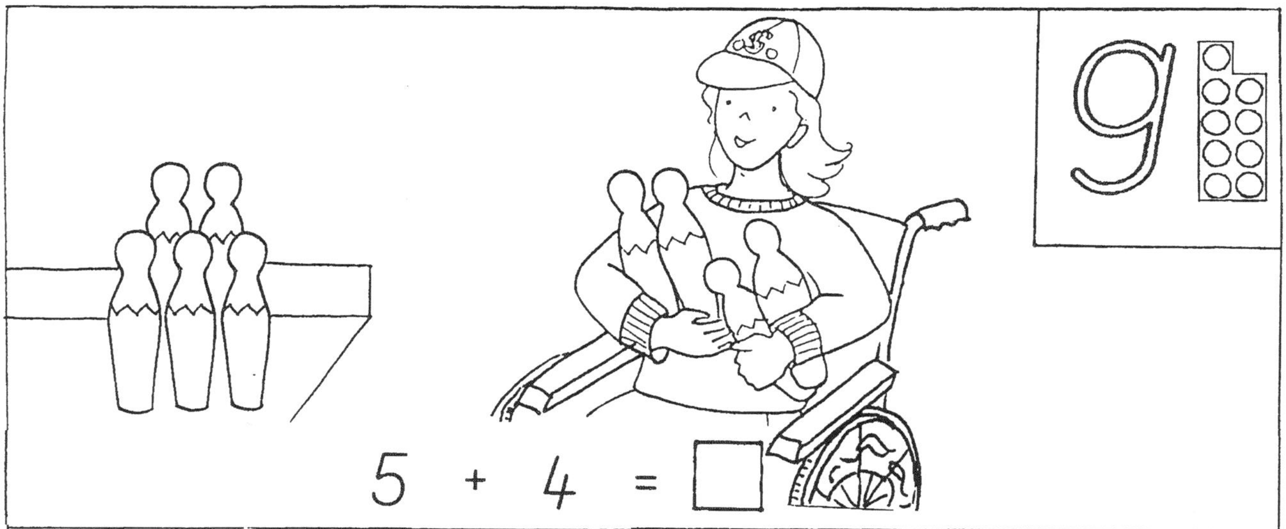

$5 + 4 = \square$

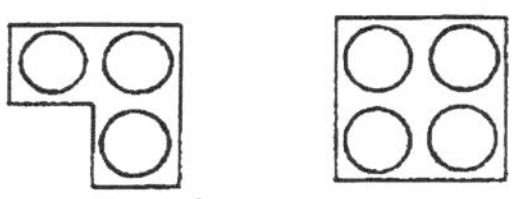 $3 + 4 = \square$	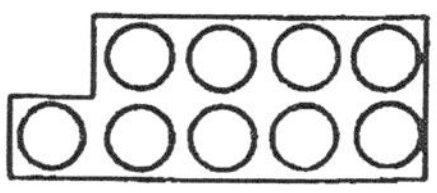 $9 + 0 = \square$	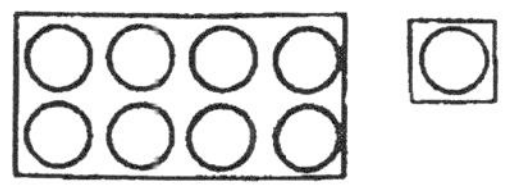 $8 + 1 = \square$
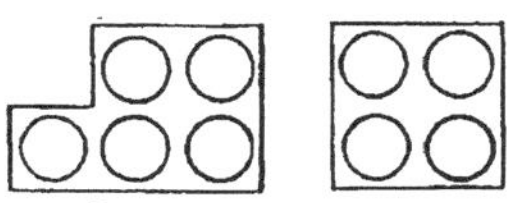 $5 + 4 = \square$	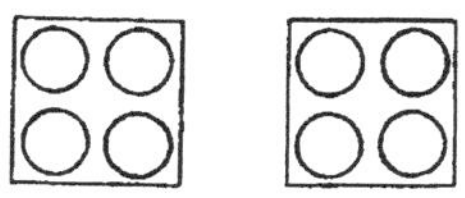 $4 + 4 = \square$	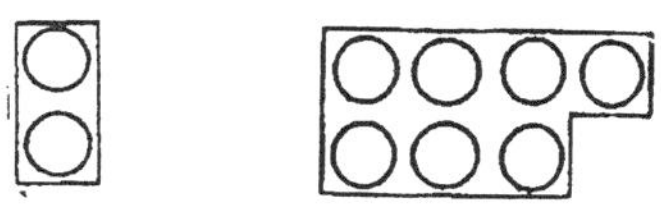 $2 + 7 = \square$
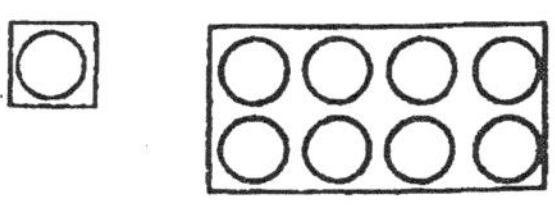 $1 + 8 = \square$	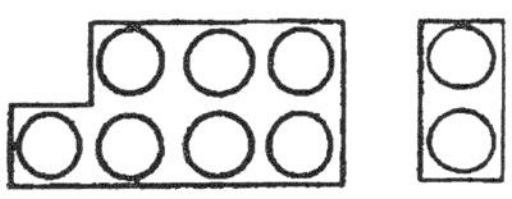 $7 + 2 = \square$	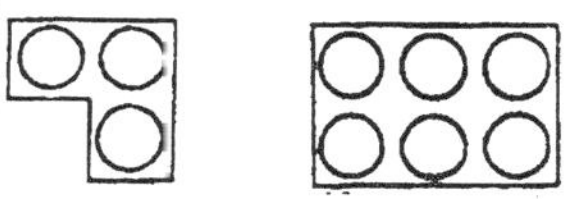 $3 + 6 = \square$

Rechne und male!

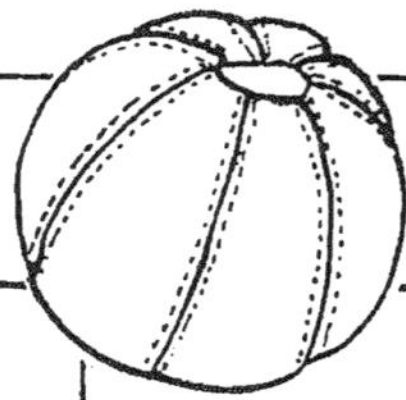

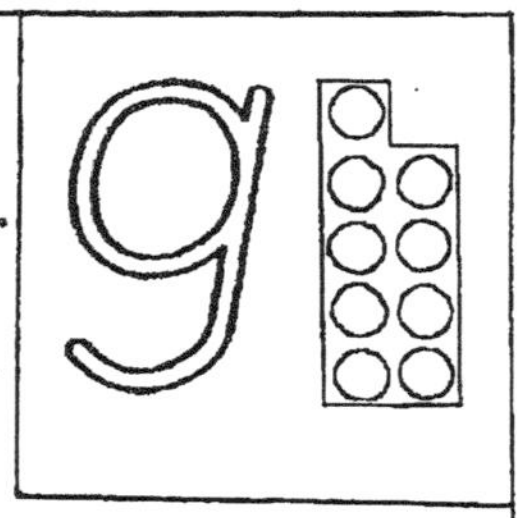

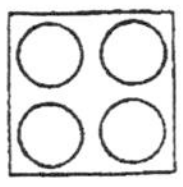 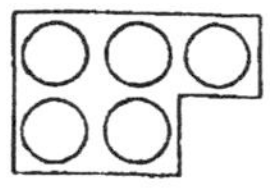 4 + 5 = □	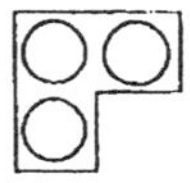 3 + 6 = □	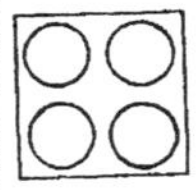 4 + 0 = □
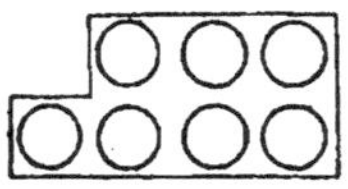 7 + 2 = □	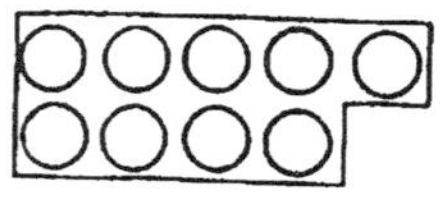 9 + 0 = □	 1 + 7 = □
0 + 9 = □	 1 + 6 = □	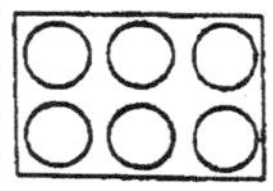 6 + 3 = □

Male die Rechnung!

3 + 6 = □	7 + 2 = □	4 + 3 = □
1 + 8 = □	5 + 4 = □	6 + 3 = □
7 + 1 = □	9 + 0 = □	2 + 7 = □

Wie heißt die Rechnung?

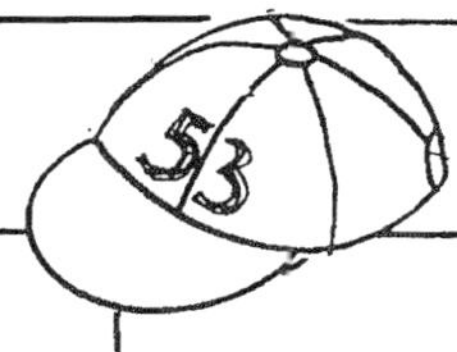

5 + 4 = □	4 + 3 = □	6 + 3 = □
1 + 7 = □	4 + 5 = □	1 + 8 = □
9 + 0 = □	2 + 7 = □	1 + 7 = □
3 + 6 = □	7 + 2 = □	8 + 1 = □
0 + 9 = □	7 + 2 = □	9 + 0 = □
4 + 5 = □	3 + 6 = □	5 + 4 = □
5 + 3 = □	4 + 4 = □	1 + 8 = □
2 + 7 = □	8 + 1 = □	2 + 6 = □

3 + 6 = □	2 + 7 = □	9
5 + 3 = □ 2 + 7 = □ 0 + 9 = □ 4 + 5 = □	7 + 2 = □ 3 + 6 = □ 4 + 4 = □ 8 + 1 = □	9 + 0 = □ 5 + 4 = □ 1 + 8 = □ 2 + 6 = □

3 + 2 + 4 = □	4 + 1 + 3 = □
1 + 6 + 1 = □	5 + 3 + 1 = □
2 + 5 + 2 = □	2 + 4 + 3 = □

9 - 7 = □

□ ○ □ ○ □

□ ○ □ ○ □

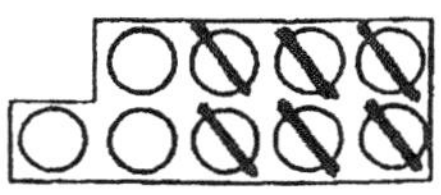 9 - 6 = □	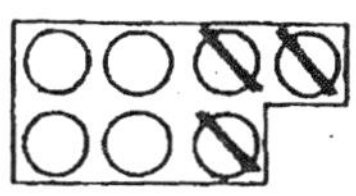 7 - 3 = □	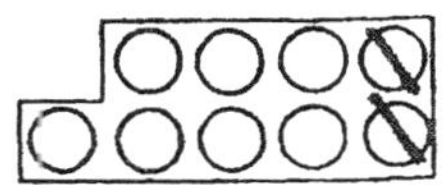 9 - 2 = □
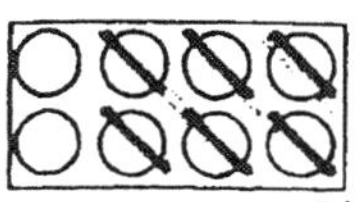 8 - 6 = □	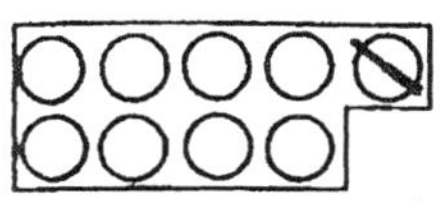 9 - 1 = □	 9 - 9 = □
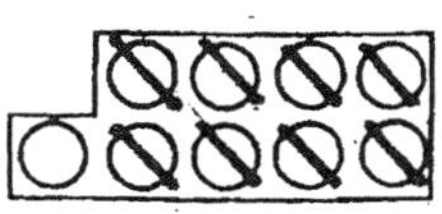 9 - 8 = □	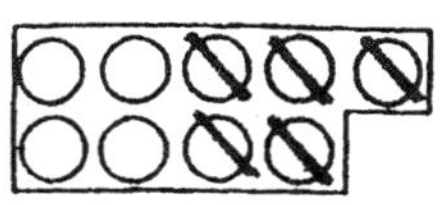 9 - 5 = □	 9 - 7 = □

Rechne und male!

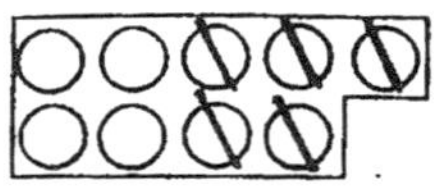 9 - 5 = ☐	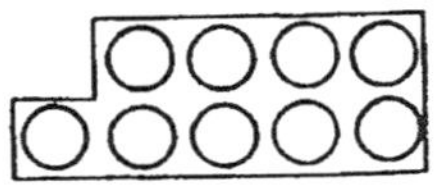 9 - 4 = ☐	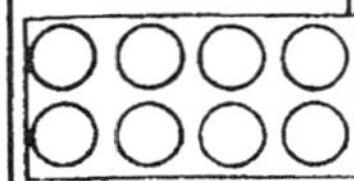 8 - 4 = ☐
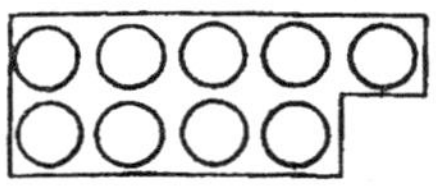 9 - 3 = ☐	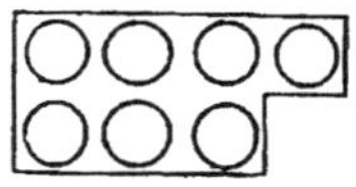 7 - 5 = ☐	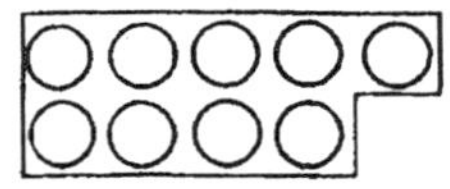 9 - 7 = ☐
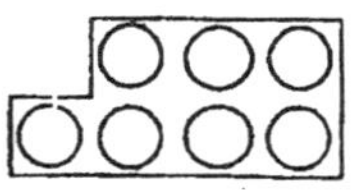 7 - 6 = ☐	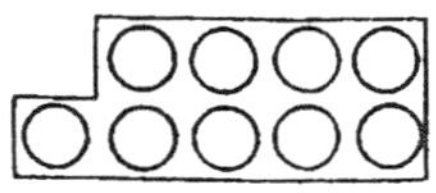 9 - 8 = ☐	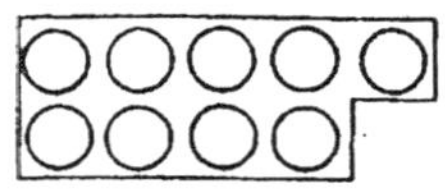 9 - 1 = ☐

Male die Rechnung!

9 - 7 = ☐	9 - 5 = ☐	9 - 9 = ☐
9 - 3 = ☐	8 - 7 = ☐	9 - 0 = ☐
8 - 6 = ☐	9 - 2 = ☐	9 - 1 = ☐

Wie heißt die Rechnung?

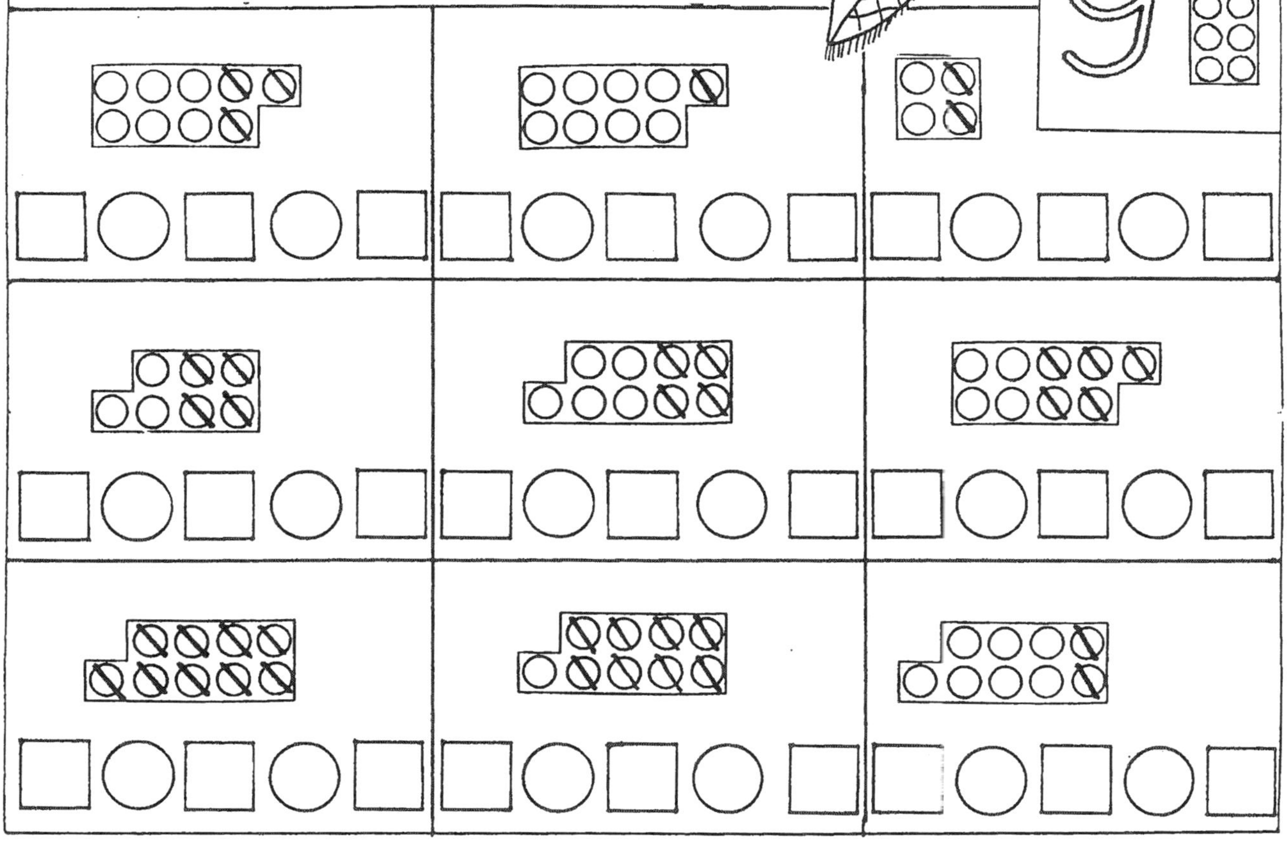

9 − 5 = □	9 − 2 = □	8 − 6 = □
7 − 6 = □	9 − 6 = □	9 − 7 = □
9 − 8 = □	7 − 4 = □	9 − 0 = □
9 − 8 = □	9 − 1 = □	9 − 3 = □
9 − 0 = □	9 − 5 = □	8 − 5 = □
9 − 3 = □	7 − 5 = □	9 − 8 = □
9 − 6 = □	9 − 2 = □	9 − 9 = □
8 − 7 = □	9 − 7 = □	9 − 1 = □

9 − 4 = □	9 − 5 = □	
9 − 2 = □	8 − 6 = □	
9 − 6 = □	9 − 7 = □	
9 − 0 = □	7 − 4 = □	8 − 5 = □
9 − 3 = □	9 − 1 = □	9 − 8 = □

7 − 2 − 5 = □	9 − 2 − 2 = □
9 − 5 − 4 = □	8 − 4 − 2 = □
9 − 3 − 3 = □	9 − 6 − 1 = □
9 − 4 − 3 = □	9 − 0 − 4 = □

9 − 1 = □	8 − 2 = □	9 − 3 = □	7 − 4 = □
9 − 0 = □	8 − 5 = □	9 − 2 = □	9 − 6 = □
9 − 3 = □	9 − 8 = □	9 − 7 = □	8 − 7 = □
9 − 5 = □	9 − 1 = □	9 − 5 = □	9 − 8 = □
7 − 6 = □	7 − 5 = □	9 − 8 = □	9 − 9 = □

Was passiert? + oder – ?

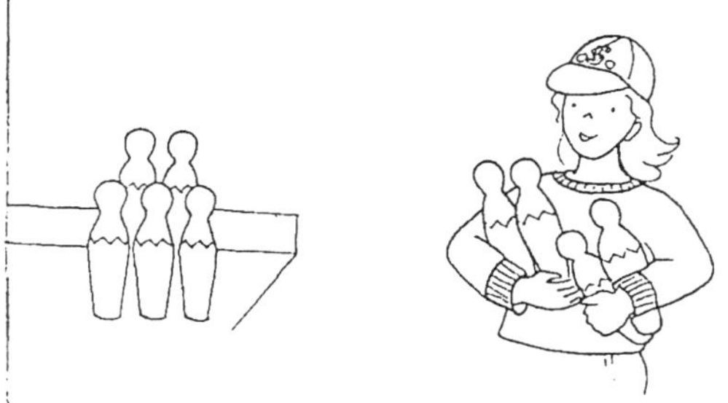

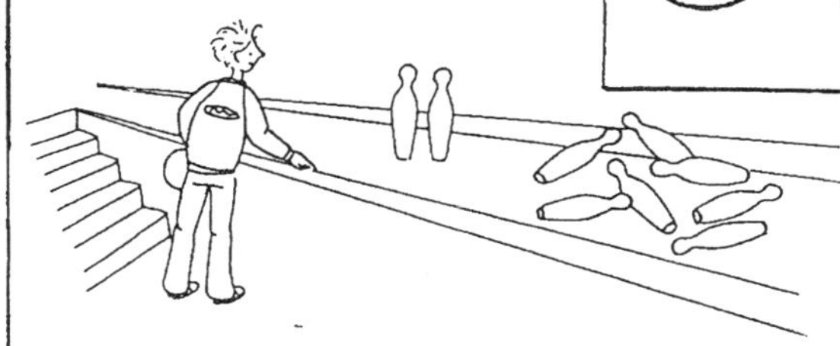

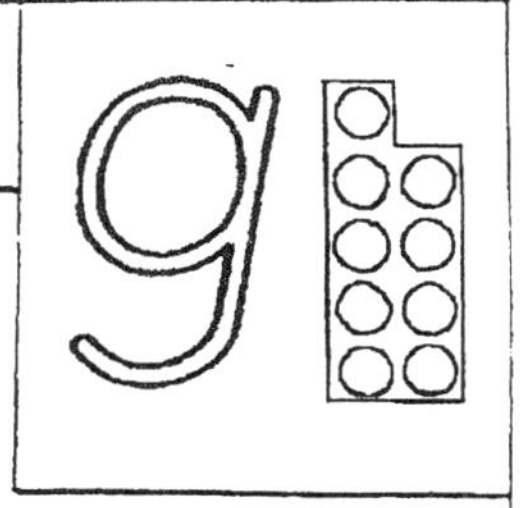

5 + 4 = □	9 – 7 = □

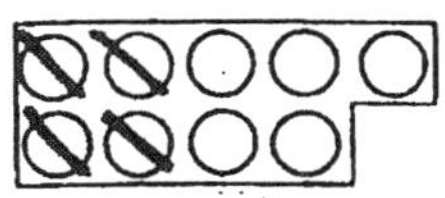

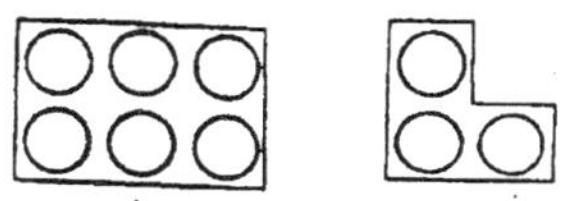

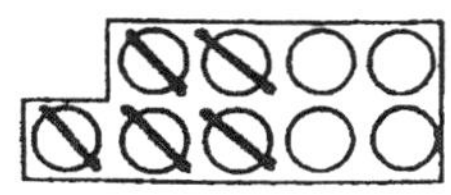

□ ○ □ ○ □	□ ○ □ ○ □	□ ○ □ ○ □

Male zur Rechnung!

9 – 5 = □	7 – 2 = □	2 + 7 = □
3 + 6 = □	4 + 4 = □	9 – 9 = □
0 + 9 = □	4 + 5 = □	6 + 3 = □

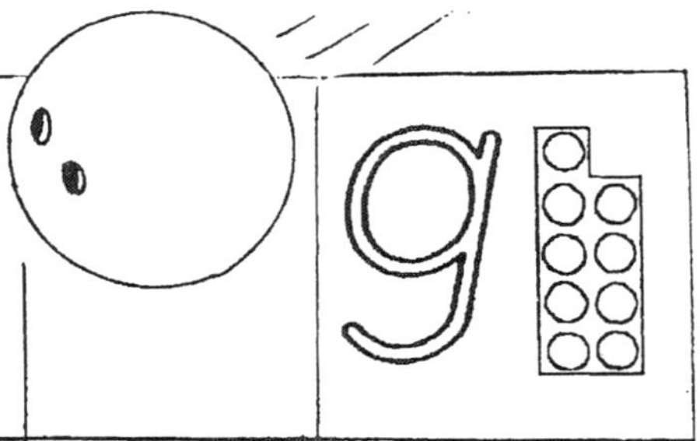

8 + 1 = ☐	9 − 3 = ☐	
9 − 0 = ☐	2 + 7 = ☐	9 + 0 = ☐
9 − 8 = ☐	9 − 7 = ☐	4 + 5 = ☐
2 + 6 = ☐	6 + 3 = ☐	7 − 4 = ☐

+ oder − ?

9 ⊖ 9 = 0	7 ○ 2 = 5	4 ○ 3 = 7
0 ○ 0 = 0	8 ○ 6 = 2	3 ○ 6 = 9
9 ○ 2 = 7	9 ○ 0 = 9	9 ○ 5 = 4

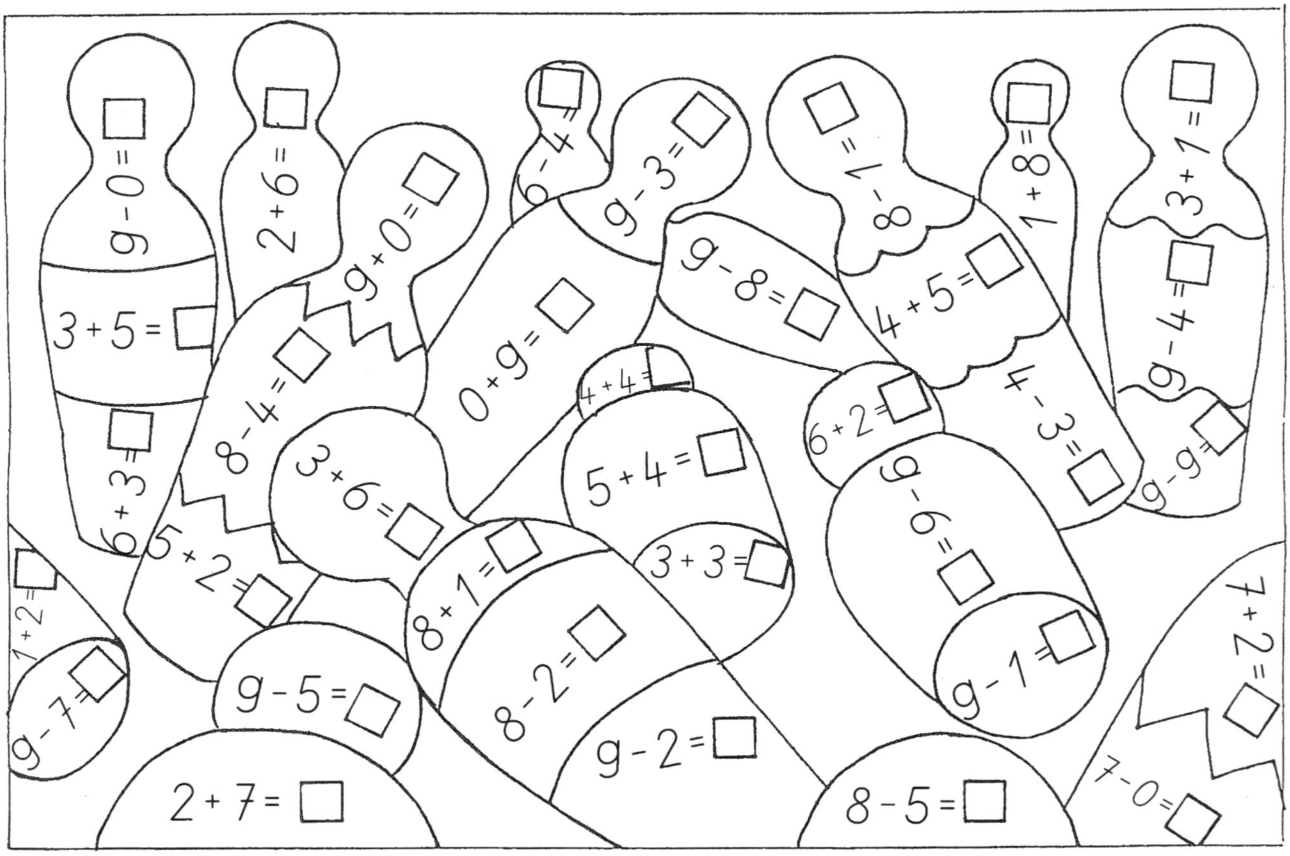

Zerlege und rechne!

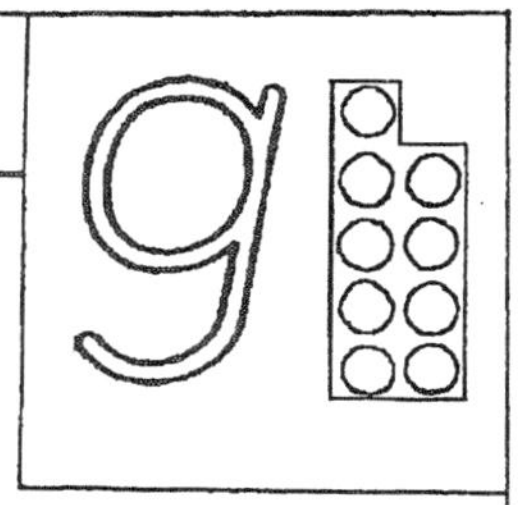

9 = 5 + □

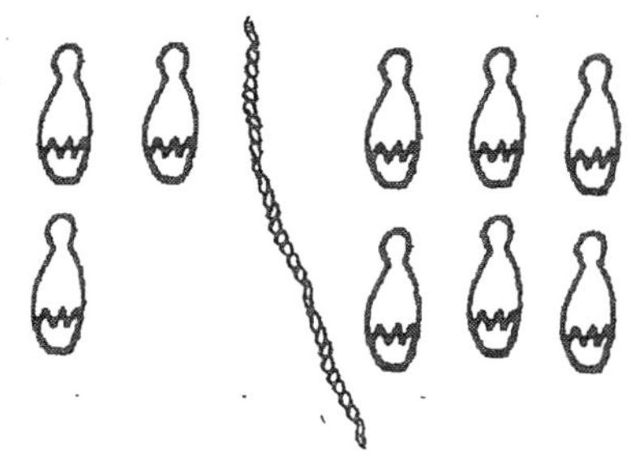

9 = □ + 6

9 = 2 + □

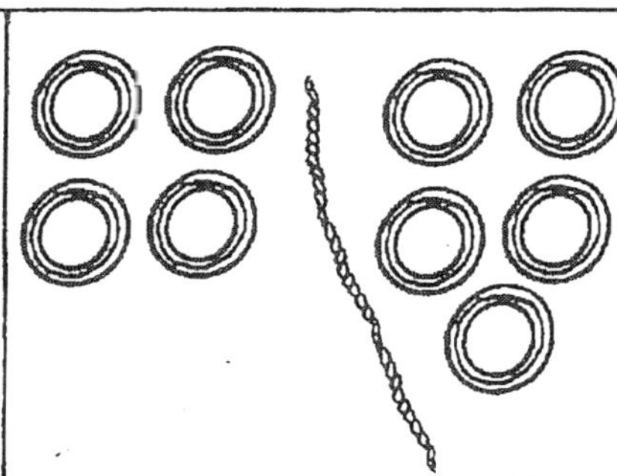

9 = 4 + □

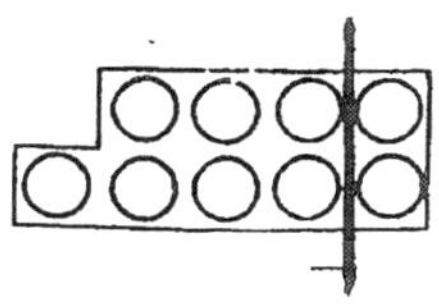

9 = 7 + □

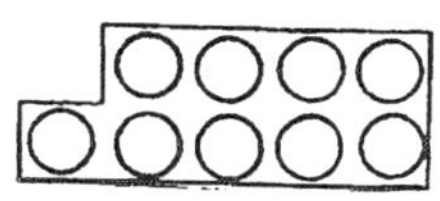

9 = □ + 2

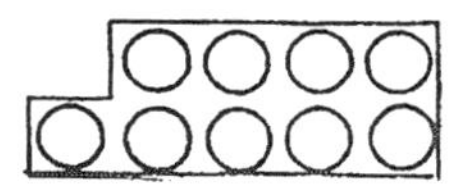

9 = □ + 4

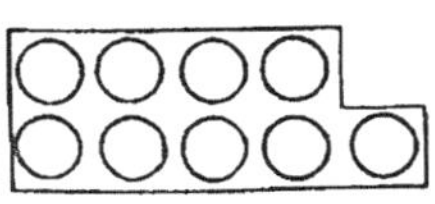

9 = 2 + □

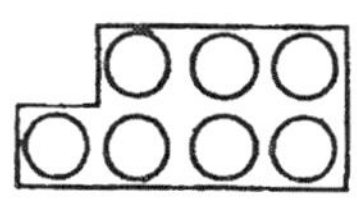

7 = 5 + □

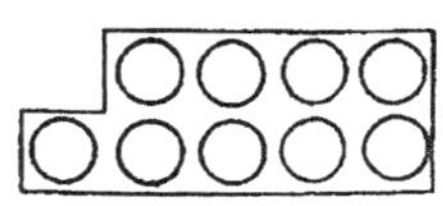

9 = 9 + □

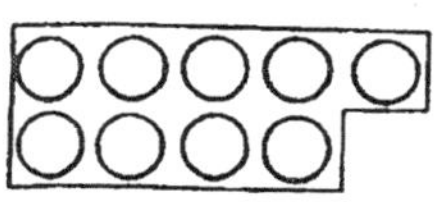

9 = 8 + □

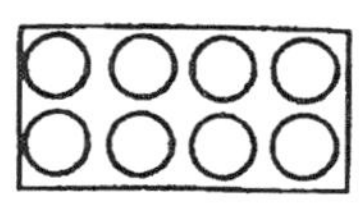

8 = □ + 2

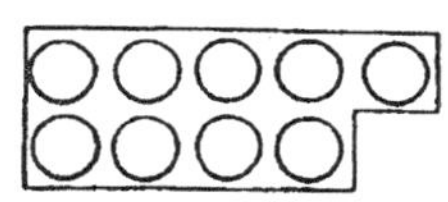

9 = 6 + □

Male die Rechnung!

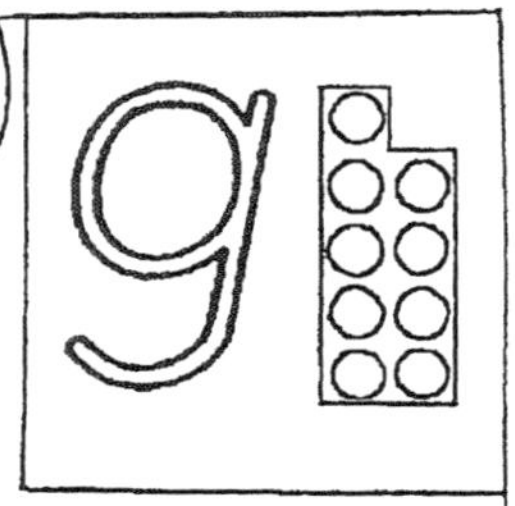

9 = □ + 1	9 = 5 + □	
7 = 2 + □	9 = □ + 7	9 = 0 + □
8 = □ + 4	9 = 7 + □	9 = 1 + □

Wie heißt die Rechnung?

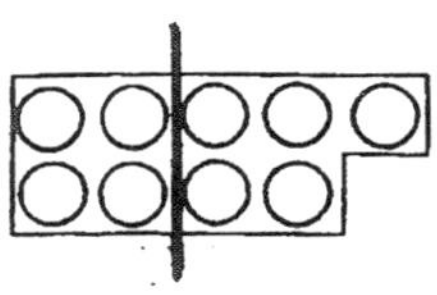 □ ○ □ ○ □	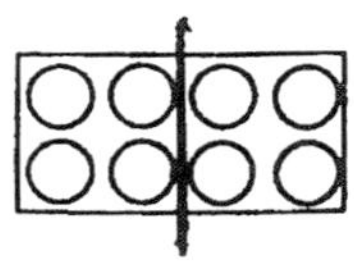 □ □ ○ □	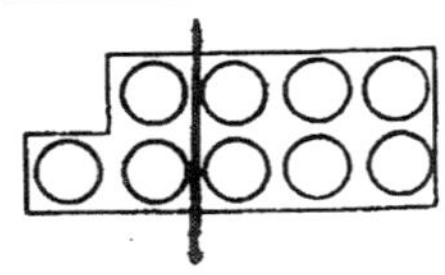 □ ○ □ ○ □
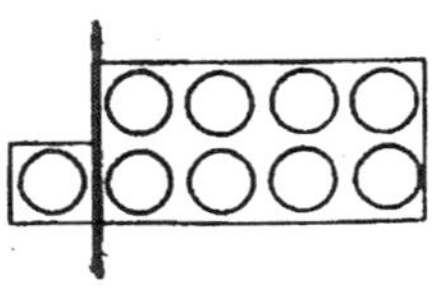 □ ○ □ ○ □	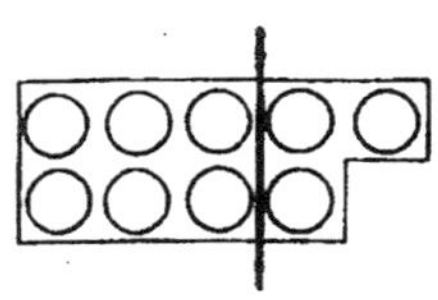 □ ○ □ ○ □	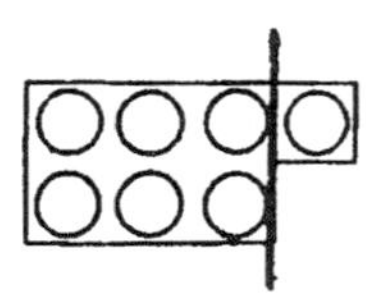 □ ○ □ ○ □
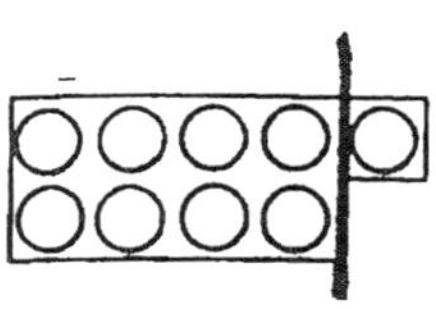 □ ○ □ ○ □	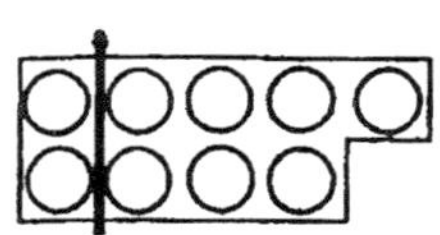 □ ○ □ ○ □	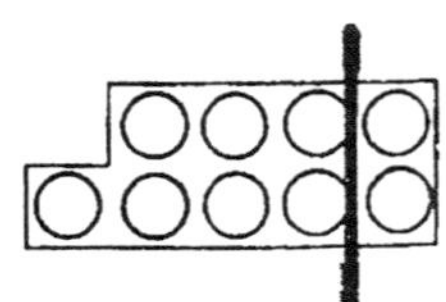 □ ○ □ ○ □

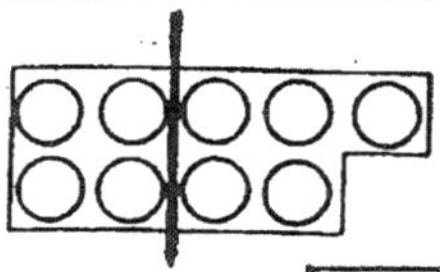

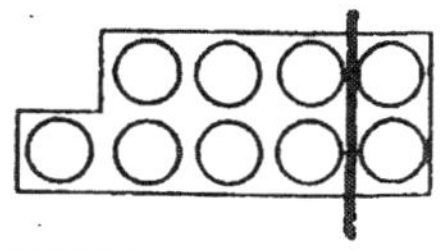

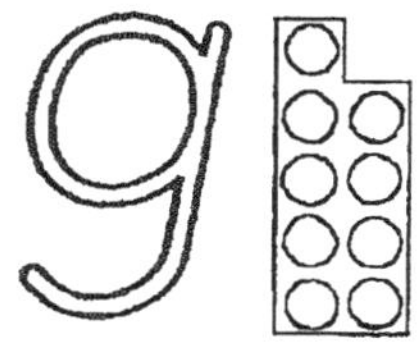

9 = 4 + □	9 = □ + 2	
9 = □ + 1	9 = 0 + □	8 = □ + 1
8 = 4 + □	9 = □ + 8	9 = 7 + □
9 = 6 + □	8 = □ + 6	9 = □ + 6
9 = □ + 3	7 = 6 + □	9 = 5 + □
9 = 1 + □	9 = 9 + □	9 = □ + 5
8 = 0 + □	9 = 3 + □	9 = □ + 7
9 = 6 + □	9 = □ + 4	9 = 8 + □

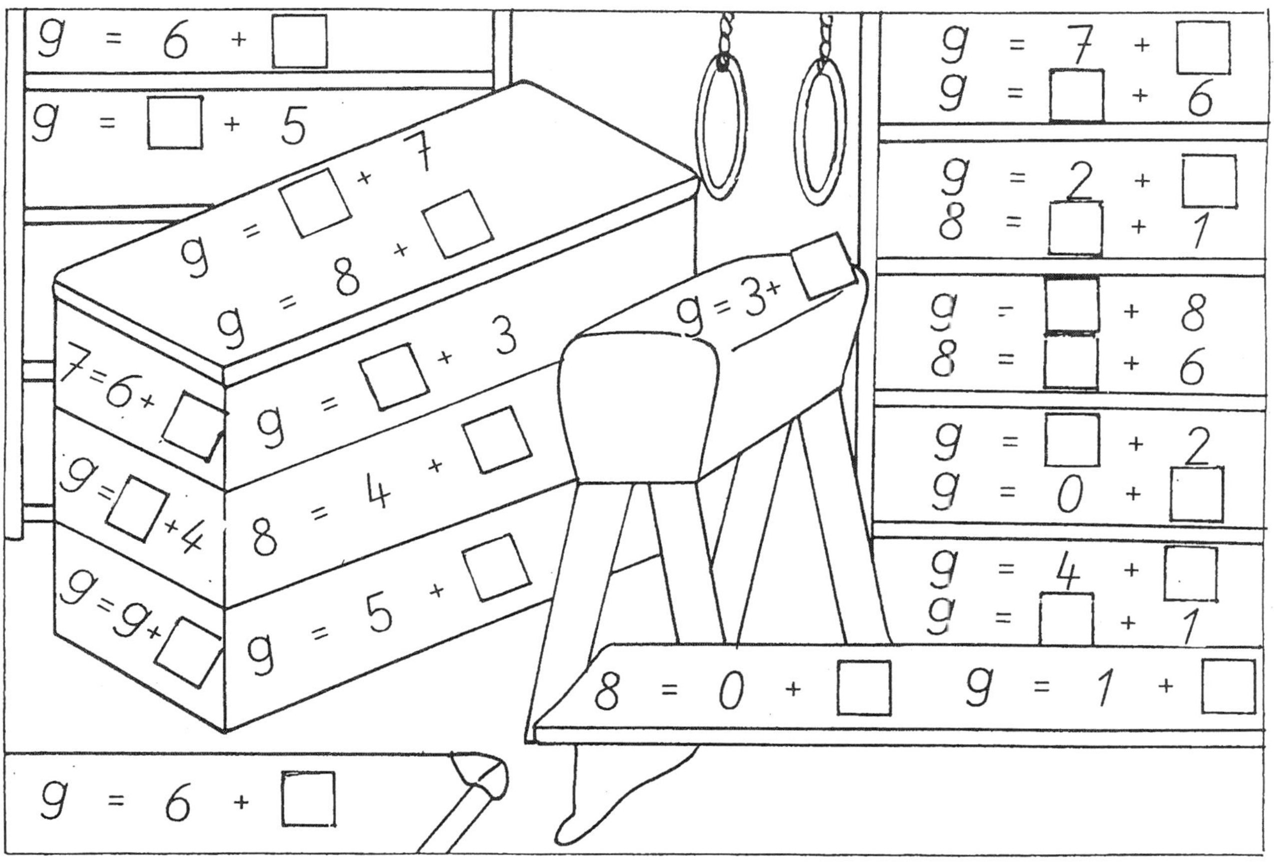

Wie viele fehlen?

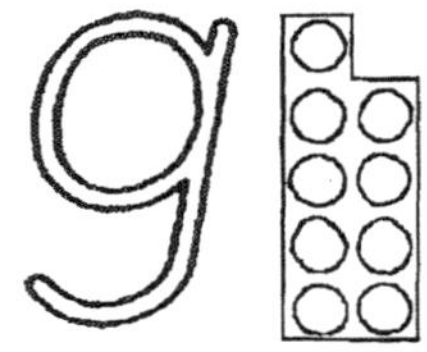

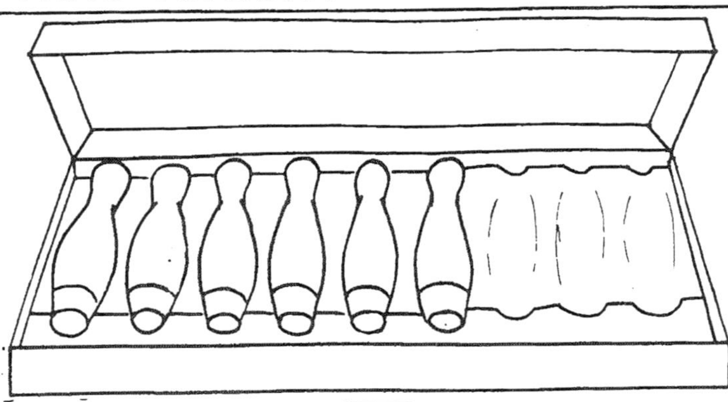

6 + □ = 9

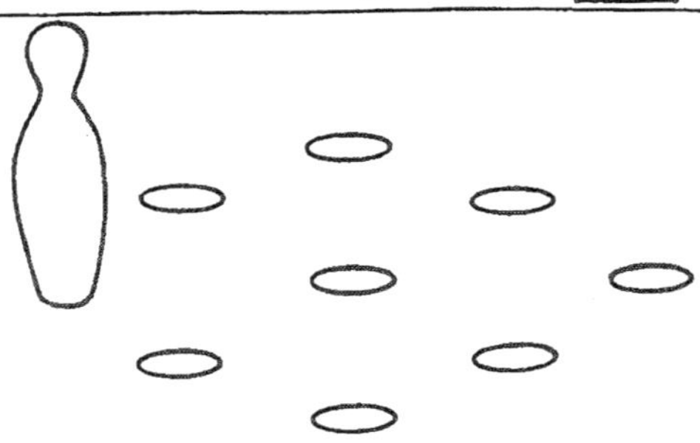

1 + □ = 9

7 + □ = 9

Wie viele Kugeln fehlen?

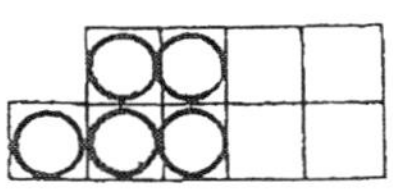

5 + □ = 9

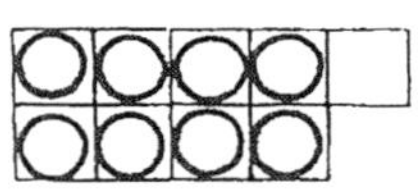

8 + □ = 9

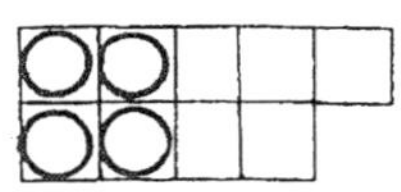

4 + □ = 9

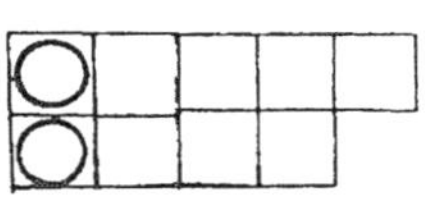

2 + □ = 9

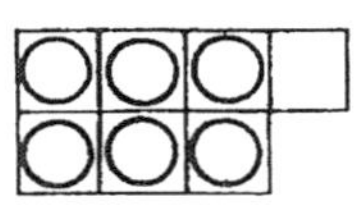

6 + □ = 7

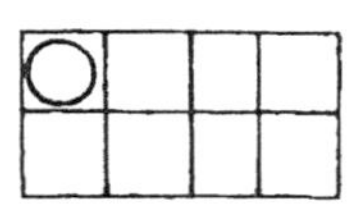

1 + □ = 8

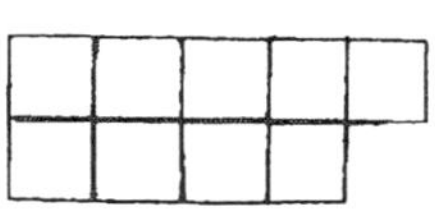

0 + □ = 9

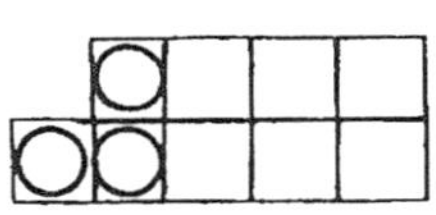

3 + □ = 9

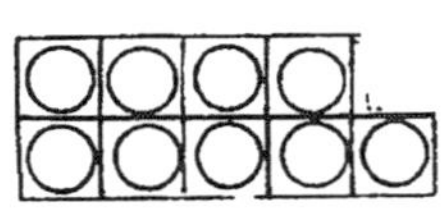

9 + □ = 9

Male mit 2 Farben zur Rechnung!

3 + □ = 9	7 + □ = 9	4 + □ = 9
1 + □ = 9	4 + □ = 8	2 + □ = 9
9 + □ = 9	5 + □ = 9	6 + □ = 9

Wie heißt die Rechnung?

□ ○ □ ○ □	□ ○ □ ○ □	□ ○ □ ○ □
□ ○ □ ○ □	□ ○ □ ○ □	□ ○ □ ○ □
□ ○ □ ○ □	□ ○ □ ○ □	□ ○ □ ○ □

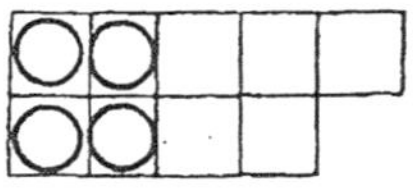 4 + □ = 9	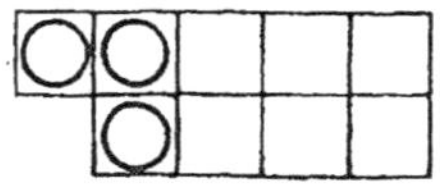 3 + □ = 9	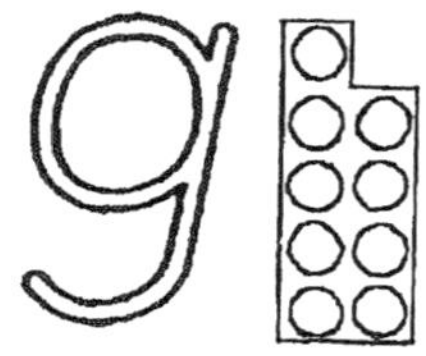
1 + □ = 8	5 + □ = 7	9 + □ = 9
6 + □ = 9	1 + □ = 9	8 + □ = 9
2 + □ = 9	5 + □ = 9	0 + □ = 6
3 + □ = 9	8 + □ = 9	1 + □ = 9
7 + □ = 9	5 + □ = 9	4 + □ = 9
0 + □ = 9	3 + □ = 8	6 + □ = 9
1 + □ = 7	2 + □ = 9	

3 + □ = 9	4 + □ = 9	3 + □ = 9
5 + □ = 8	1 + □ = 7	7 + □ = 9
1 + □ = 9	6 + □ = 9	0 + □ = 9
5 + □ = 9	2 + □ = 9	1 + □ = 6
7 + □ = 9	1 + □ = 9	8 + □ = 9
9 + □ = 9	4 + □ = 9	5 + □ = 9
8 + □ = 9	6 + □ = 8	3 + □ = 9
0 + □ = 7	9 + □ = 9	2 + □ = 9

Was passiert? + / − /  / 

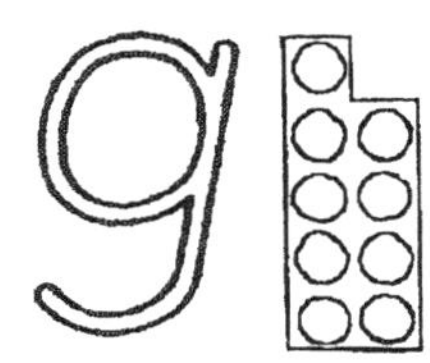

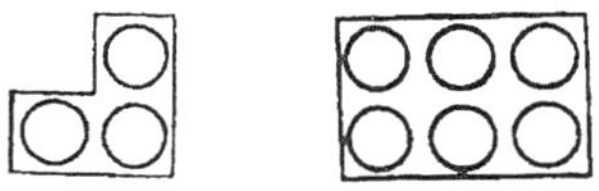

3 + 6 = □

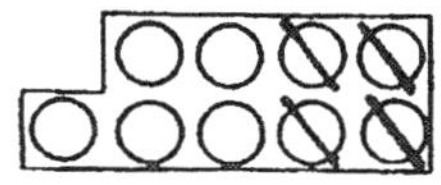

9 − 4 = □

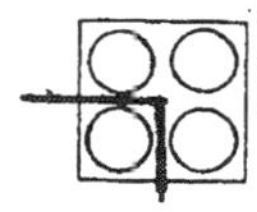

4 = 1 + □

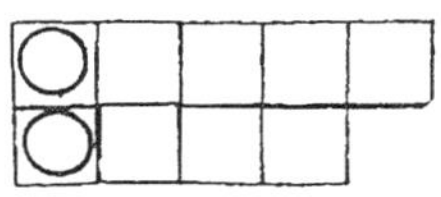

2 + □ = 9

9 − 7 = □

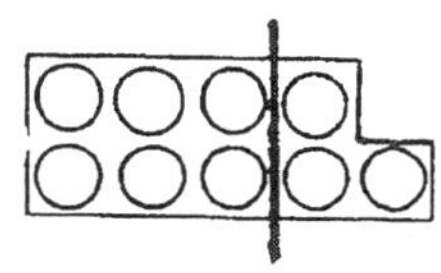

9 = □ + 3

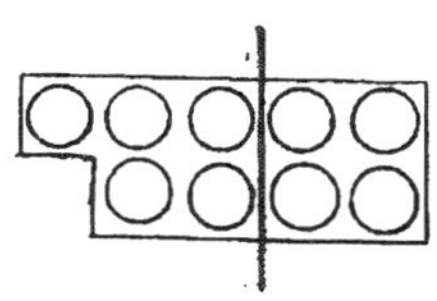

9 = 5 + □

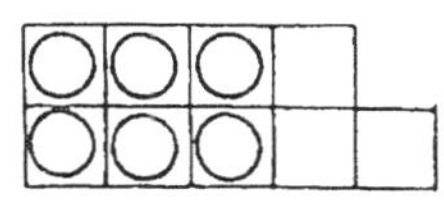

6 + □ = 9

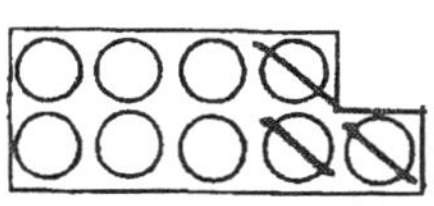

□ ○ □ ○ □

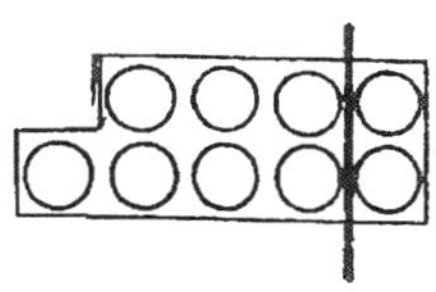

□ ○ □ ○ □

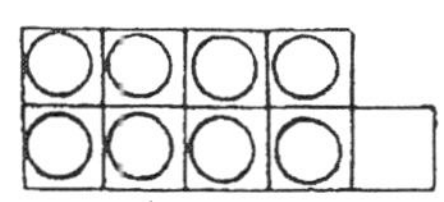

□ ○ □ ○ □

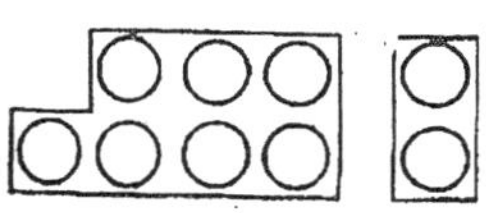

□ ○ □ ○ □

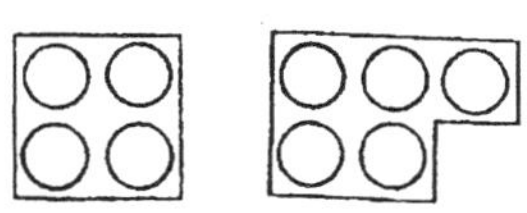

□ ○ □ ○ □

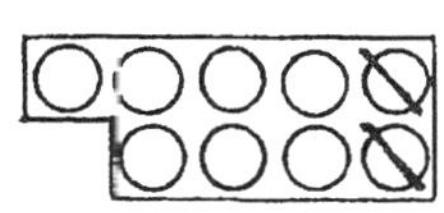

□ ○ □ ○ □

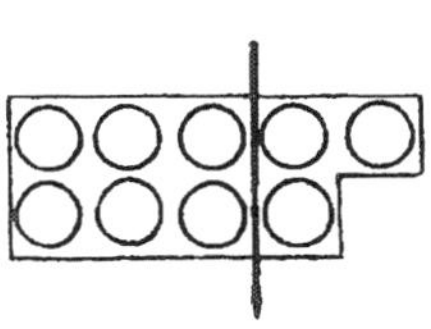

□ ○ □ ○ □

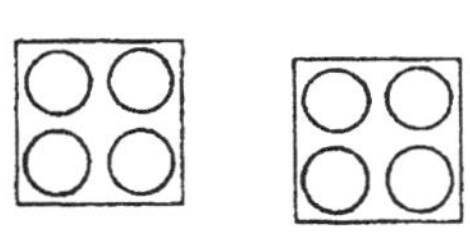

□ ○ □ ○ □

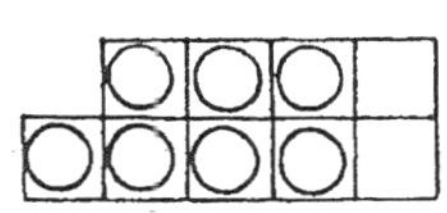

□ ○ □ ○ □

3 + 6 = □	9 − 7 = □	9
9 = 4 + □	3 + □ = 9	8 = □ + 2
4 + □ = 8	9 − 4 = □	2 + 7 = □
9 − 8 = □	1 + 7 = □	1 + □ = 9
9 = 5 + □	5 + □ = 9	9 = 1 + □
5 + 4 = □	9 = □ + 3	8 − 6 = □

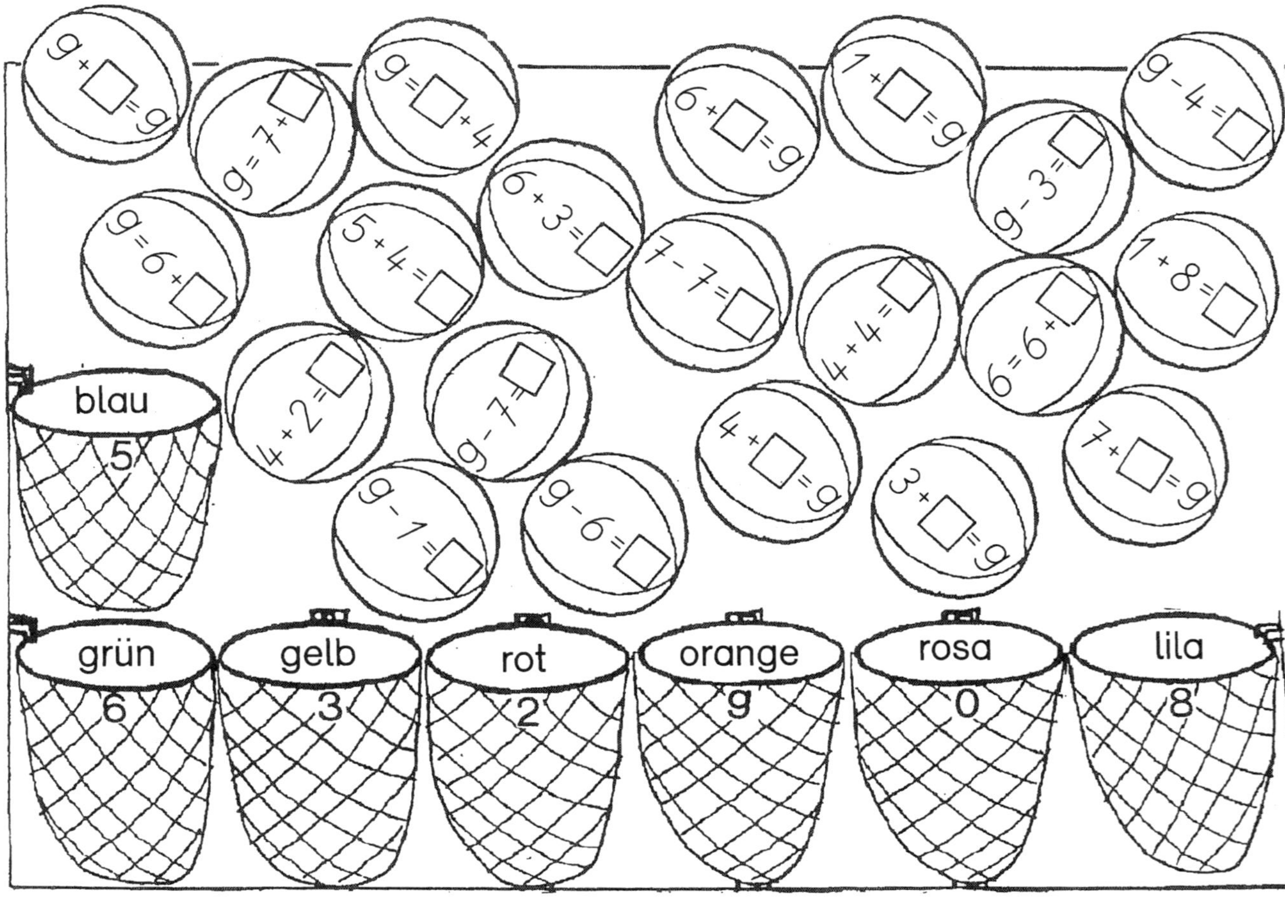

Umkehraufgaben

Glaser hilf!

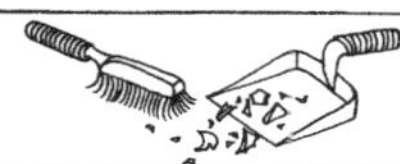

9 − ☐ = ☐

9 Fenster waren ganz	1 Fenster ging kaputt	8 Fenster sind noch ganz

8 + ☐ = ☐

8 Fenster sind noch ganz	1 neues Fenster kommt	9 Fenster sind es wieder

9 − 4 = ☐

9 − 3 = ☐

9 − 2 = ☐

9 − 5 = ☐

☐ + ☐ ◯ ☐ =

☐ ◯ ☐ ◯ ☐

☐ ◯ ☐ ◯ ☐

☐ ◯ ☐ ◯ ☐

5 − 2 = ☐

9 − 6 = ☐

7 − 3 = ☐

9 − 0 = ☐

☐ ◯ ☐ ◯ ☐

☐ ◯ ☐ ◯ ☐

☐ ◯ ☐ ◯ ☐

☐ ◯ ☐ ◯ ☐

Denkaufgaben mit der 9

4
9
5

9
2
7

9
1
8

6
9
3

Rechengeschichten

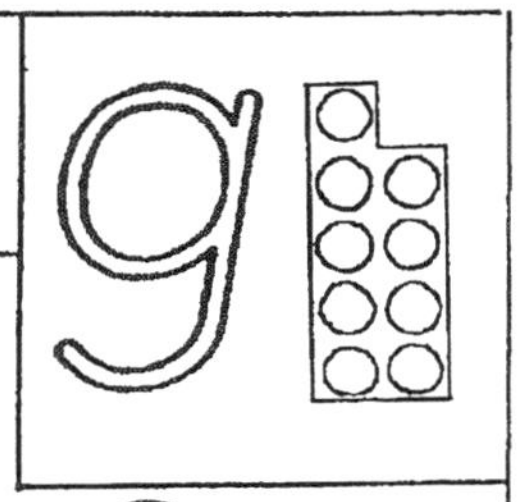

9 Kinder sind in der Turnhalle.
7 Kinder springen über den Kasten.
Wie viele Kinder schauen dabei zu?

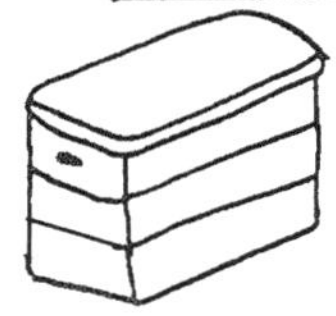

Wir rechnen: □ ○ □ ○ □

Wir antworten:

Die Buben spielen gegen die Mädchen Fußball.
Die Mädchen schießen 5 Tore, die Buben 4 Tore.
Wie viele Tore sehen die Zuschauer?

Wir rechnen: □ ○ □ ○ □

Wir antworten:

Jakob und Edith kegeln. Edith trifft zuerst
6 Kegel, dann 3 Kegel.
Wie viele Kegel hat sie getroffen?

Wir rechnen: □ ○ □ ○ □

Wir antworten:

Jakob trifft zuerst 3 Kegel, dann 5 Kegel.
Wie viele Kegel hat er getroffen?

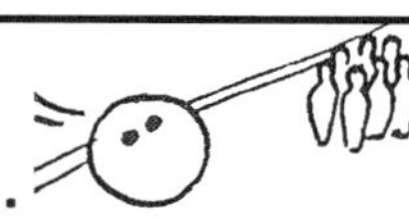

Wir rechnen: □ ○ □ ○ □

Wir antworten: ______________________________

Wer hat gewonnen?
Wir antworten:

10 Eier sind in der Schachtel

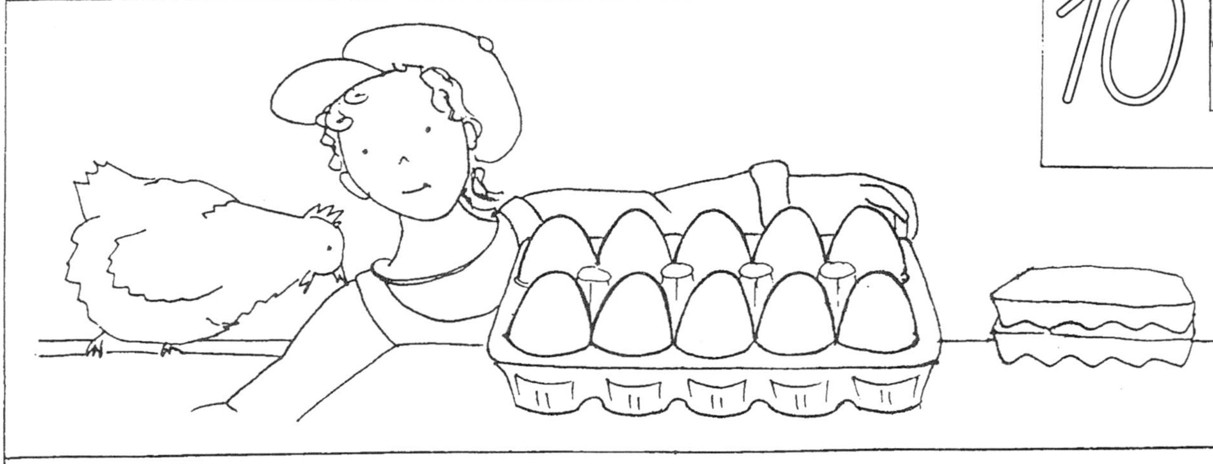

Male nur aus, wenn es 10 Dinge sind!

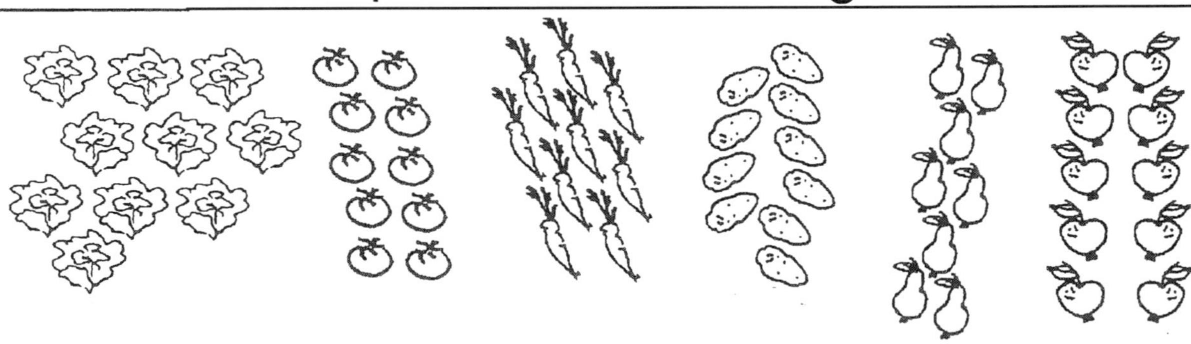

Male immer 10 Eier in einer Farbe aus!

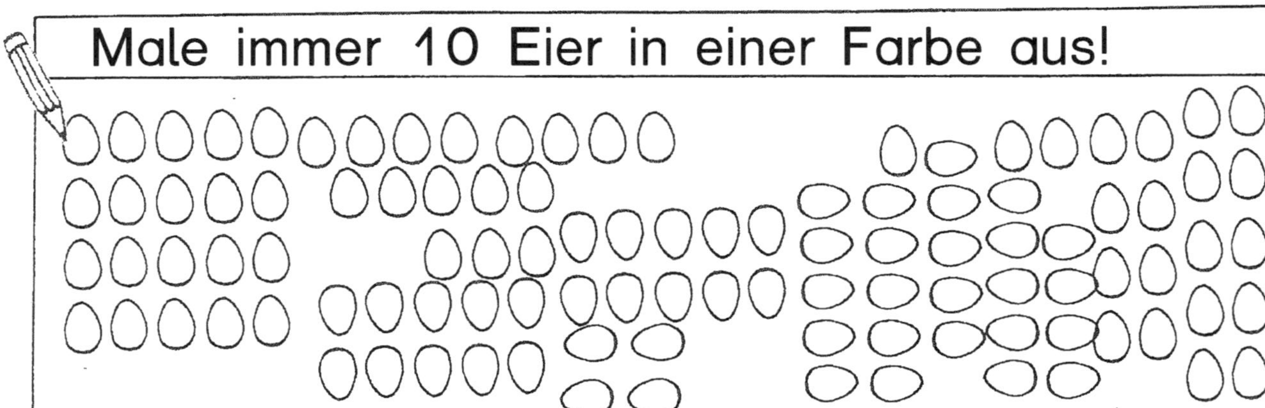

Male immer 10 Eier in die Körbe!

Male alle 10er Plättchen an!

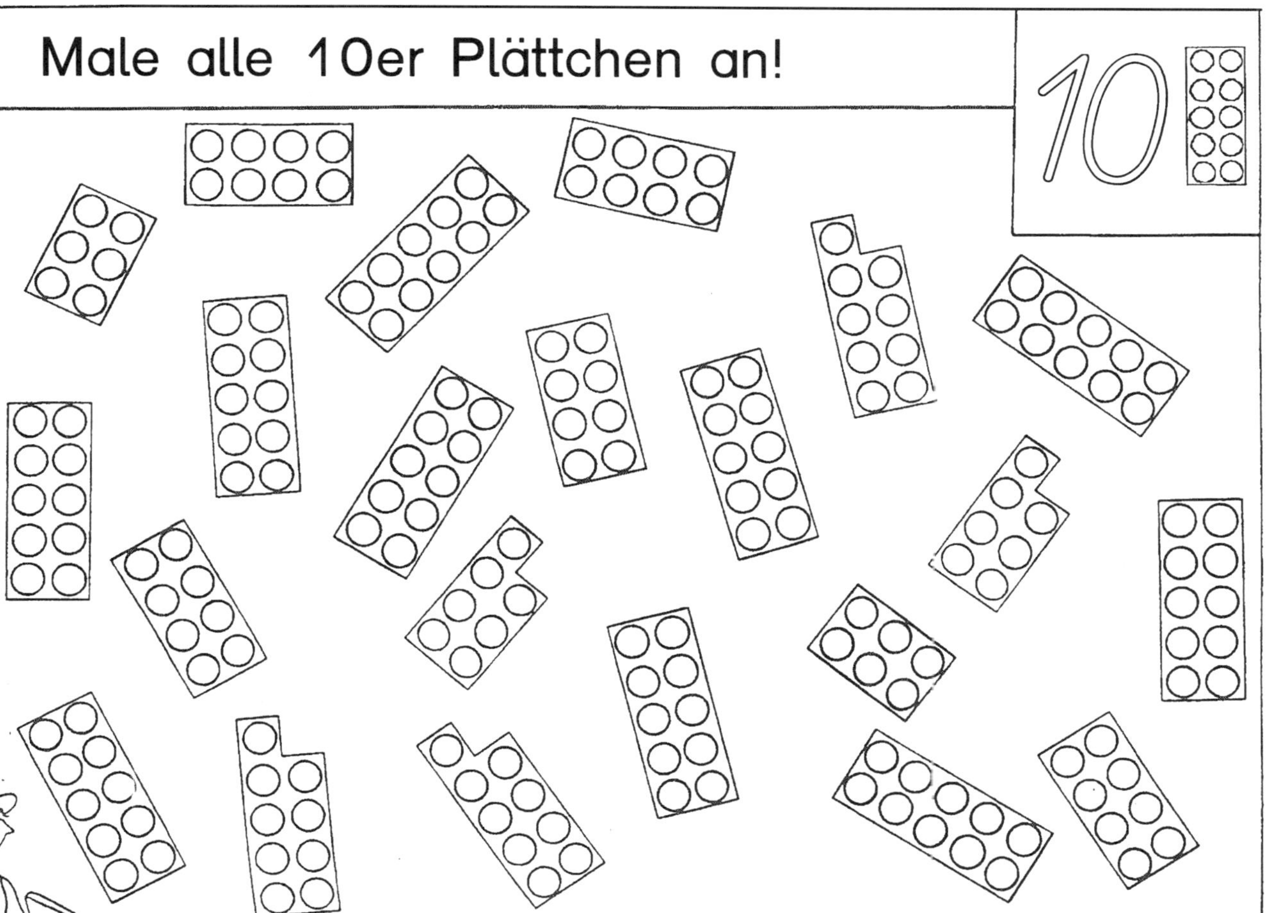

Fange immer 10 Punkte ein!

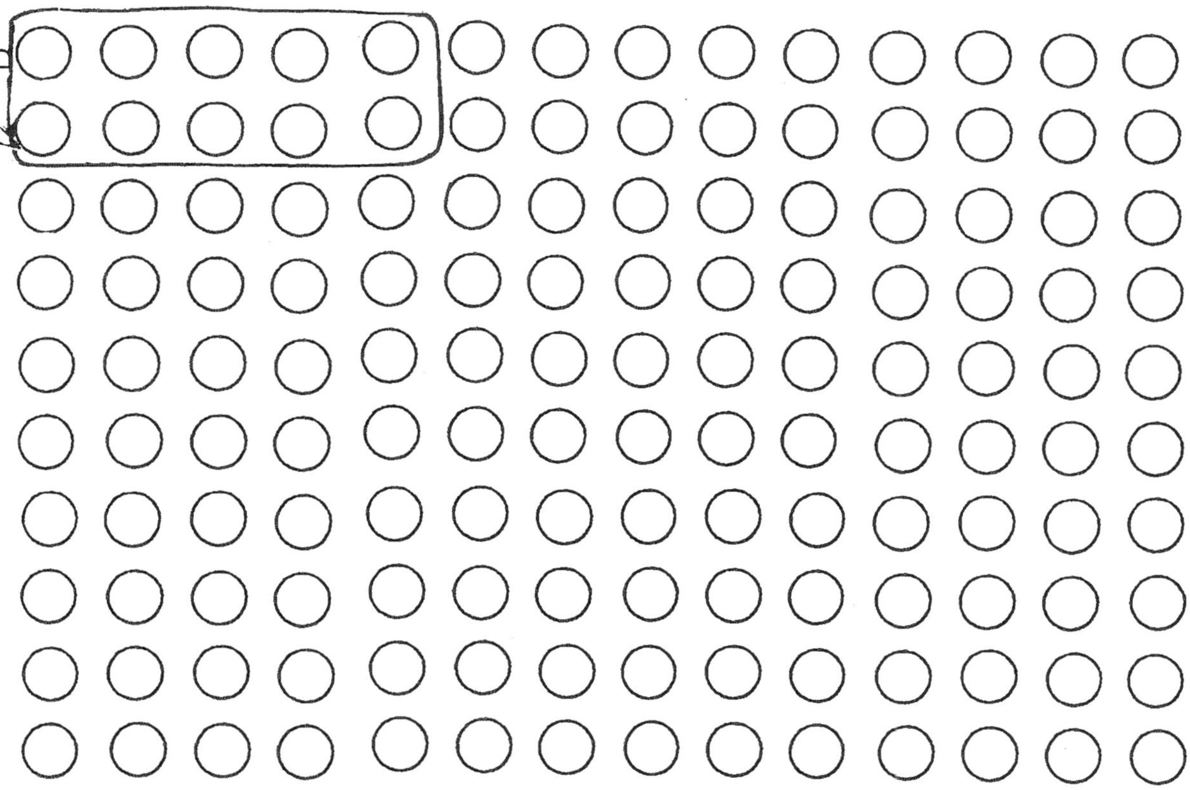

Male die Punkte in der Reihenfolge!

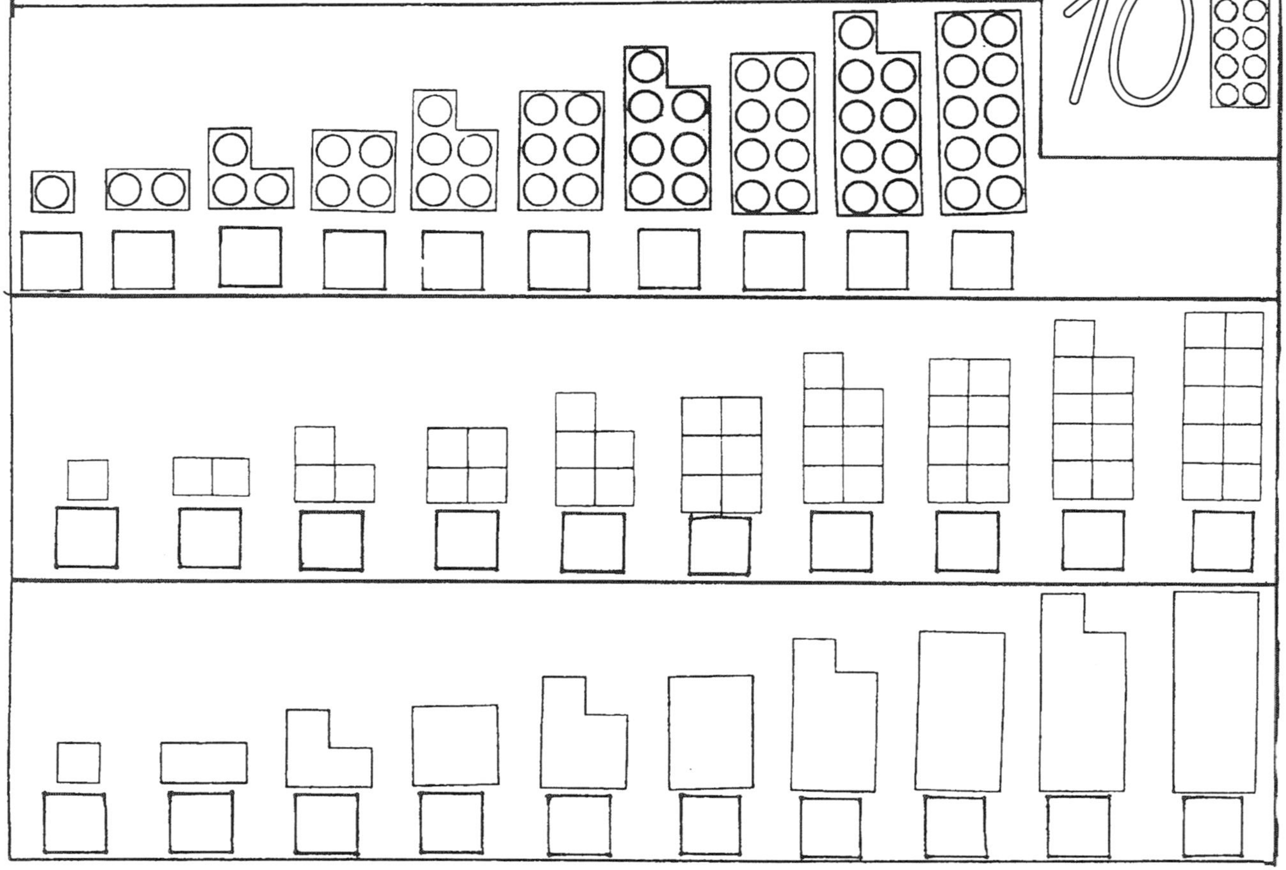

Verbinde in der Reihenfolge!

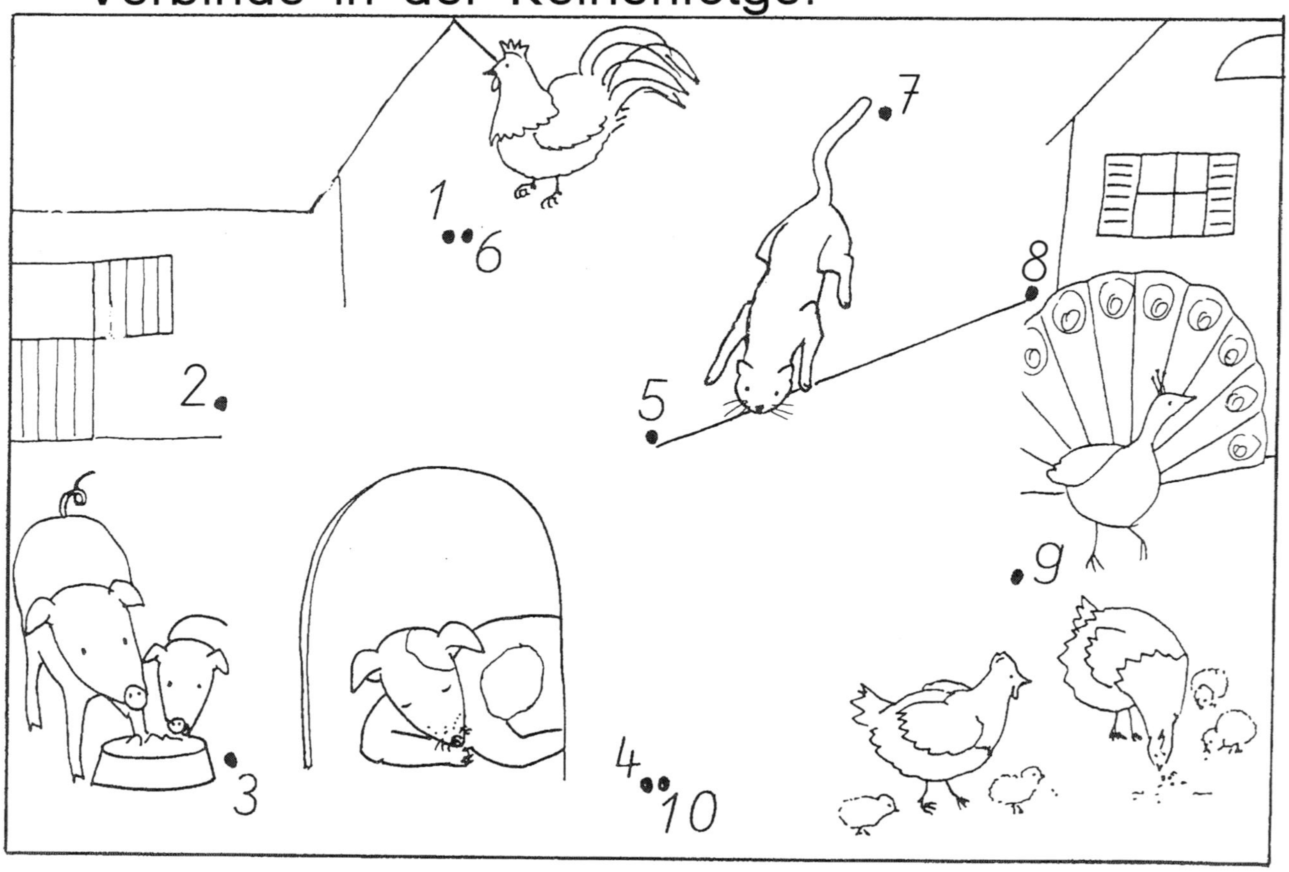

Du kennst dich bis 10 gut aus!

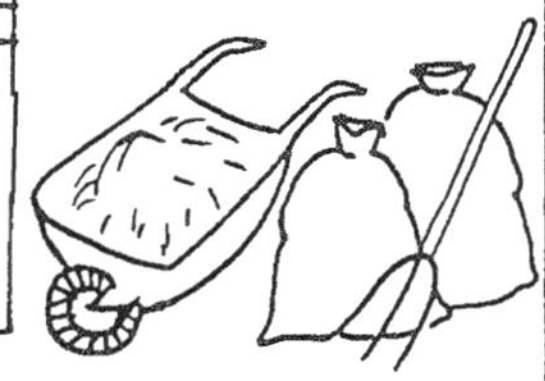

Welche Zahlen fehlen?

Nachbar-Zahlen

Wir vergleichen: 

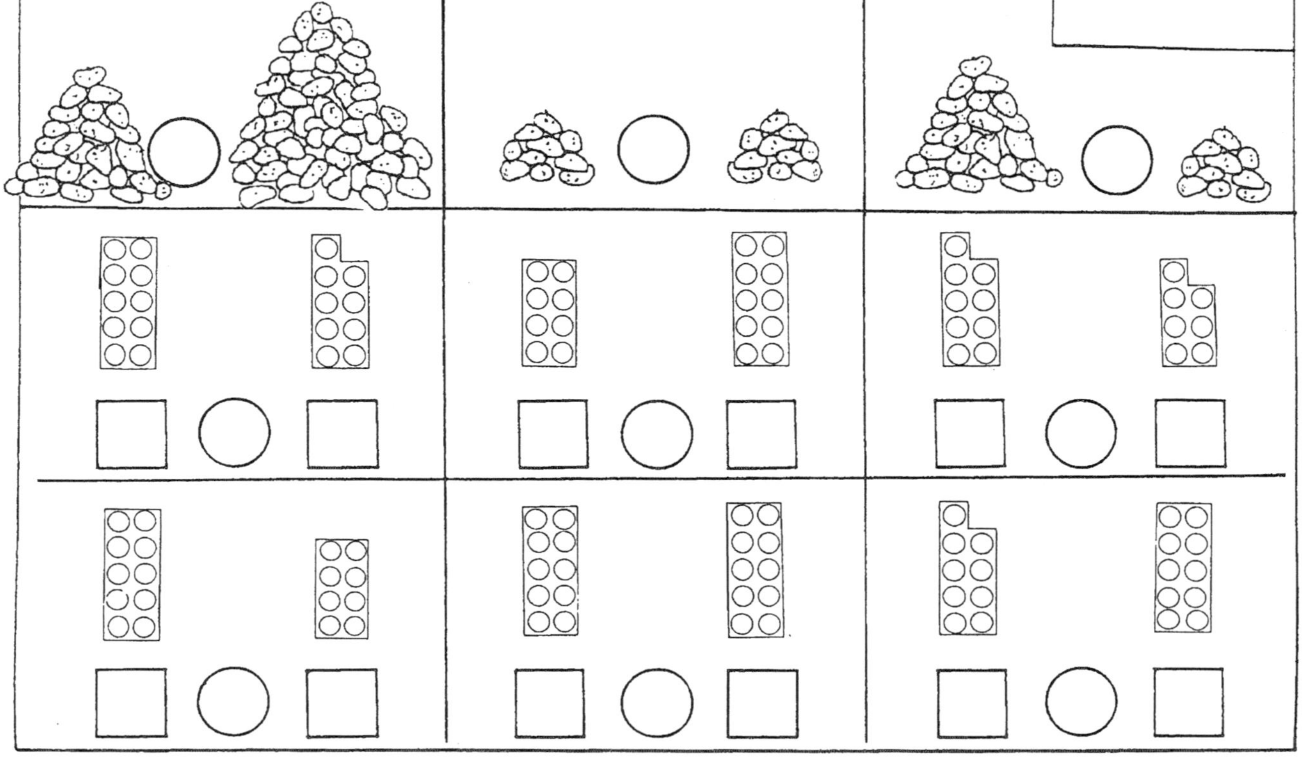

10 ○ 9	1 ○ 10	9 ○ 10	10 ○ 6
0 ○ 10	9 ○ 8	10 ○ 7	10 ○ 1
8 ○ 10	10 ○ 8	6 ○ 6	7 ○ 10
10 ○ 10	5 ○ 10	10 ○ 0	8 ○ 9
9 ○ 7	6 ○ 9	8 ○ 6	1 ○ 0

8 < □	1 < □	6 < □	9 > □
10 > □	9 < □	10 > □	7 < □
6 < □	10 = □	0 < □	10 = □
1 > □	9 > □	6 > □	5 < □

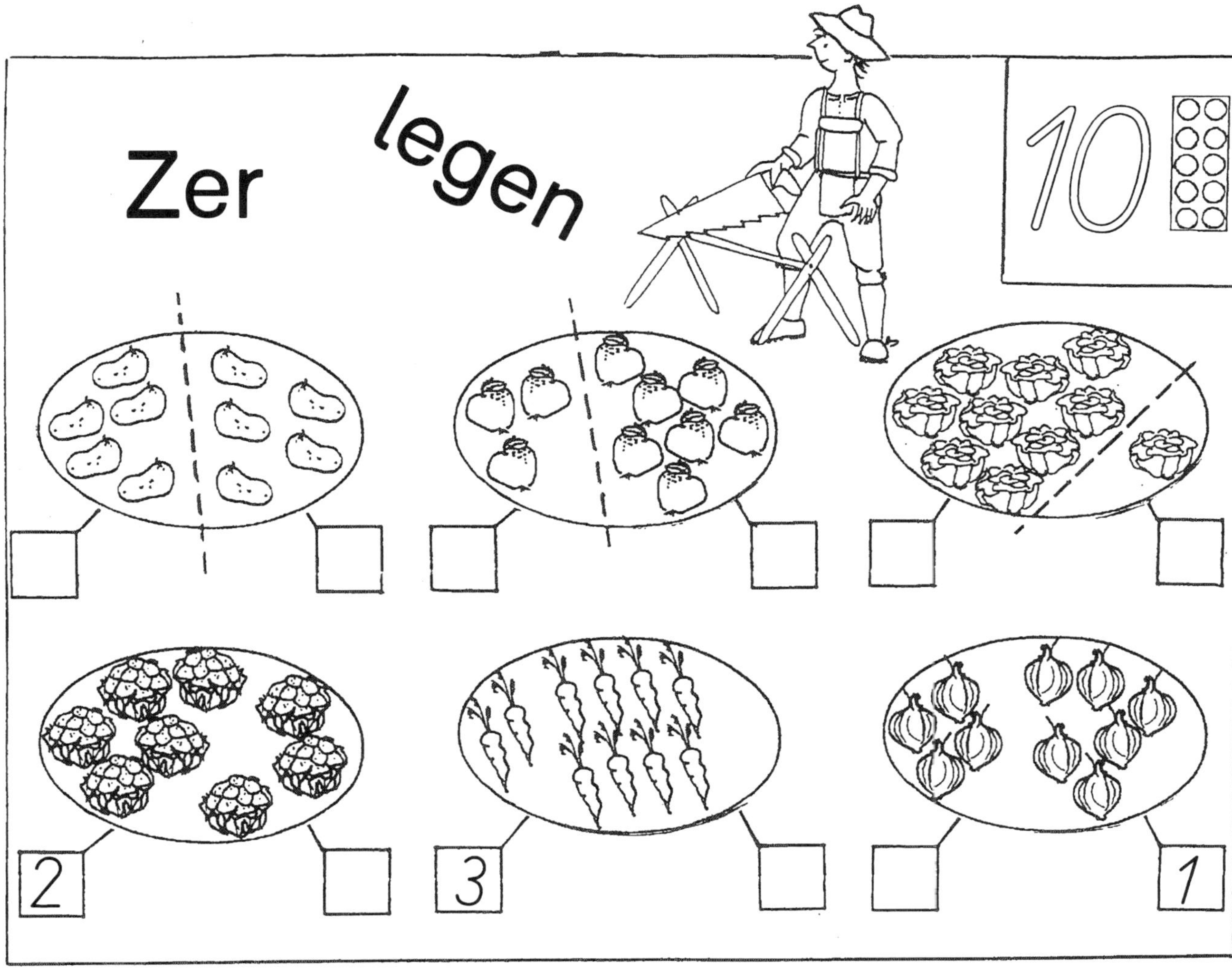

Wie ist die 10 aufgeteilt?

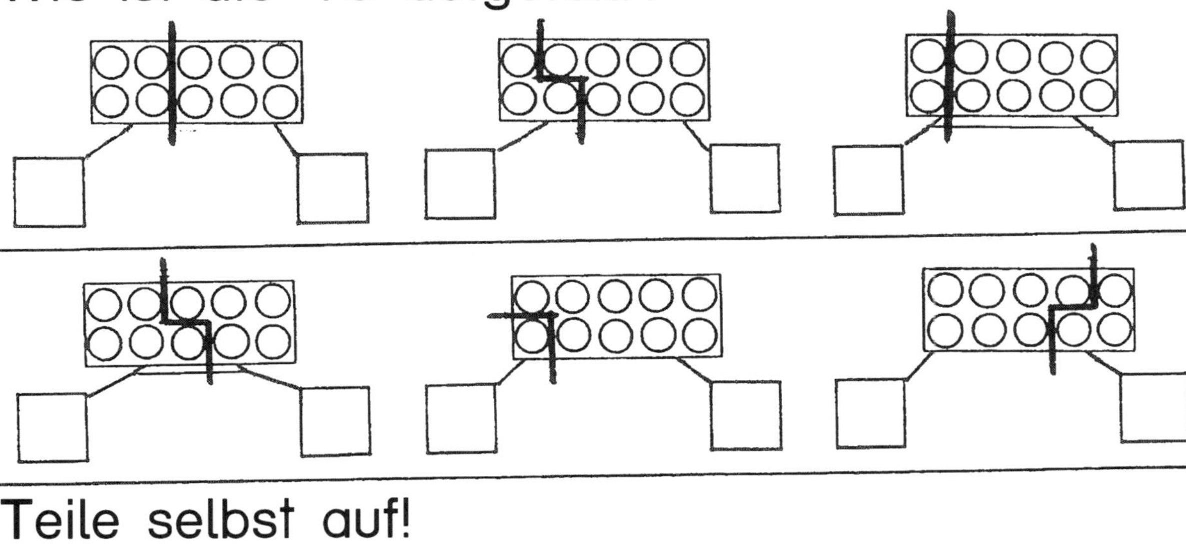

Teile selbst auf!

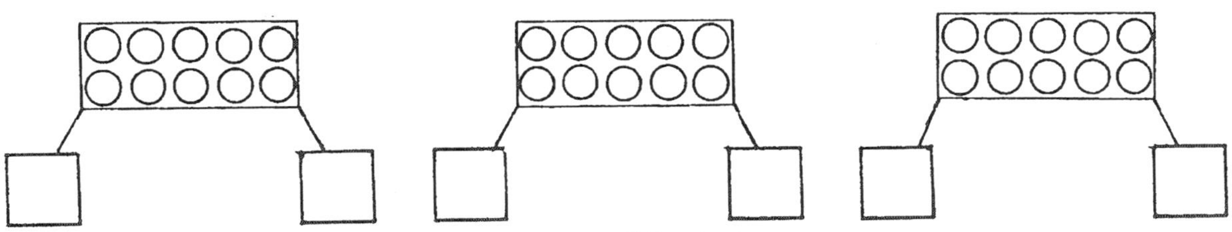

3 + 7 = ☐

7 + 3 = ☐

7 + 2 = ☐

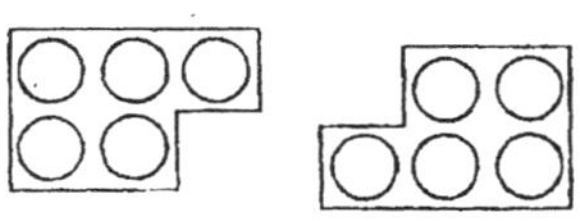

5 + 5 = ☐

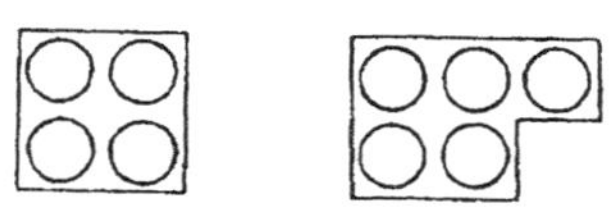

4 + 5 = ☐

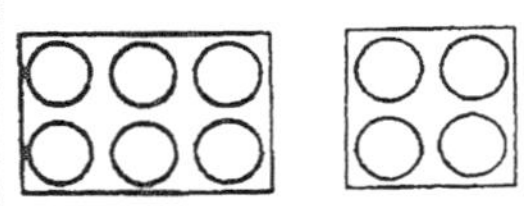

6 + 4 = ☐

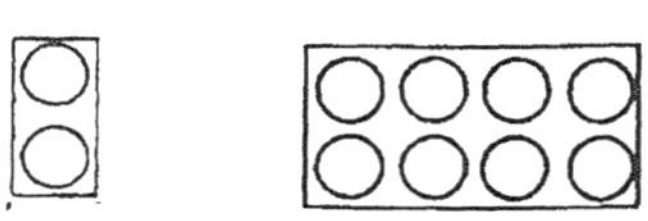

2 + 8 = ☐

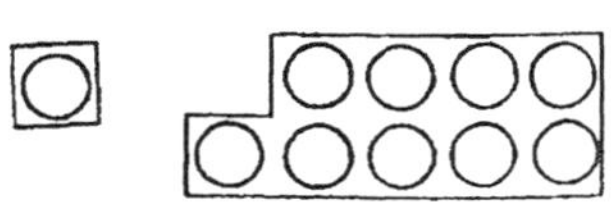

1 + 9 = ☐

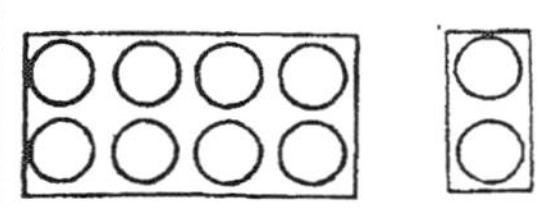

8 + 2 = ☐

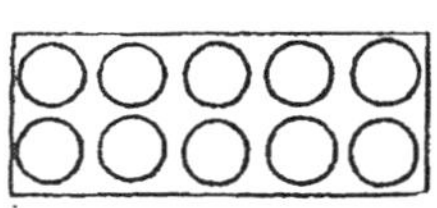

10 + 0 = ☐

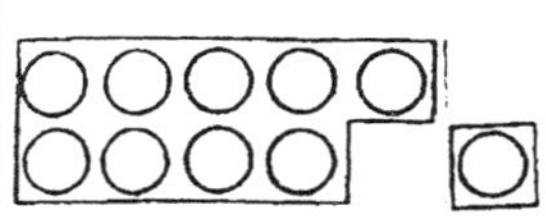

9 + 1 = ☐

4 + 6 = ☐

Rechne und male!

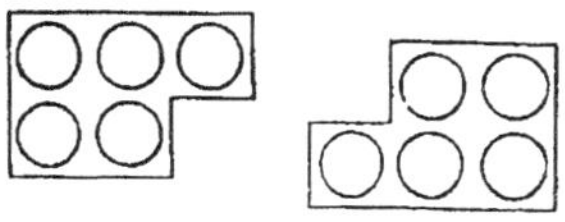

5 + 5 = ☐

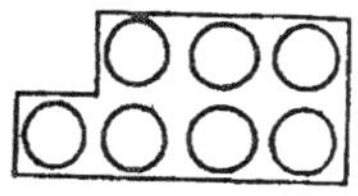

7 + 2 = ☐

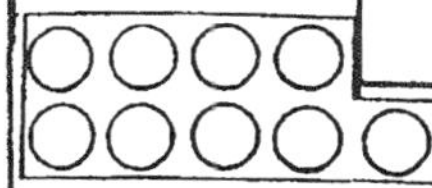

9 + 1 = ☐

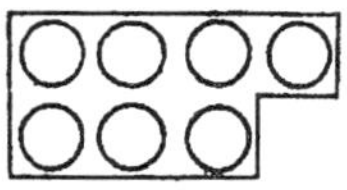

7 + 3 = ☐

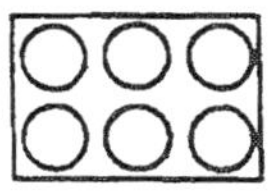

6 + 4 = ☐

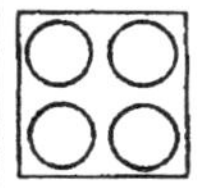

4 + 6 = ☐

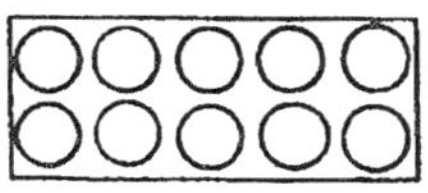

10 + 0 = ☐

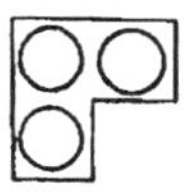

3 + 7 = ☐

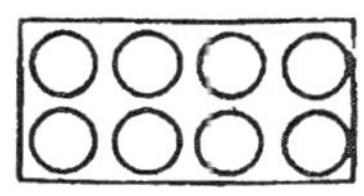

8 + 2 = ☐

Male die Rechung!

6 + 4 = ☐	1 + 9 = ☐	7 + 3 = ☐
2 + 8 = ☐	2 + 7 = ☐	0 + 10 = ☐
8 + 2 = ☐	4 + 6 = ☐	5 + 5 = ☐

Wie heißt die Rechnung?

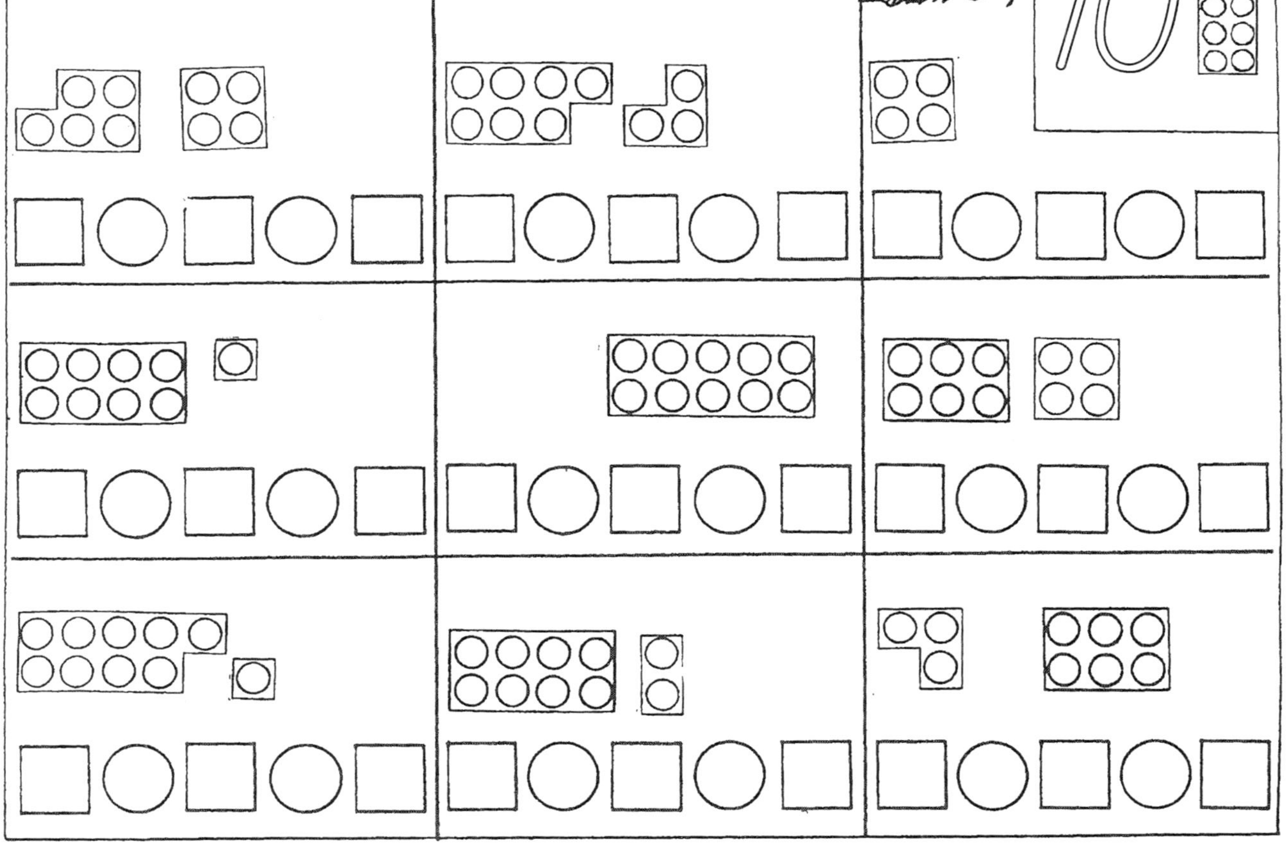

10 + 0 = ☐	0 + 10 = ☐	9 + 1 = ☐
7 + 3 = ☐	3 + 6 = ☐	2 + 5 = ☐
4 + 6 = ☐	6 + 4 = ☐	4 + 5 = ☐
1 + 9 = ☐	9 + 1 = ☐	2 + 8 = ☐
2 + 7 = ☐	3 + 7 = ☐	5 + 5 = ☐
5 + 5 = ☐	7 + 3 = ☐	4 + 4 = ☐
2 + 8 = ☐	1 + 9 = ☐	0 + 10 = ☐
8 + 2 = ☐	6 + 3 = ☐	6 + 4 = ☐
4 + 3 = ☐	8 + 2 = ☐	2 + 6 = ☐
1 + 8 = ☐	4 + 6 = ☐	3 + 7 = ☐

9 + 1 =	4 + 4 =	7 + 3 =	10

10 + 0 =	5 + 5 =	0 + 10 =
7 + 3 =	2 + 8 =	3 + 6 =
4 + 6 =	8 + 2 =	6 + 4 =
1 + 9 =	4 + 3 =	9 + 1 =
2 + 7 =	1 + 8 =	3 + 7 =

4 + 4 + 2 =	1 + 6 + 3 =	0 + 5 + 5 =
3 + 4 + 2 =	2 + 2 + 4 =	2 + 6 + 1 =
2 + 5 + 3 =	7 + 0 + 3 =	1 + 4 + 5 =
1 + 3 + 5 =	2 + 6 + 2 =	2 + 2 + 5 =

10 - 3 = □

□ ○ □ ○ □

□ ○ □ ○ □

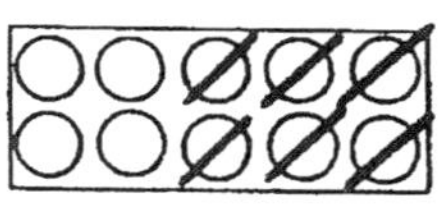 10 - 6 = □	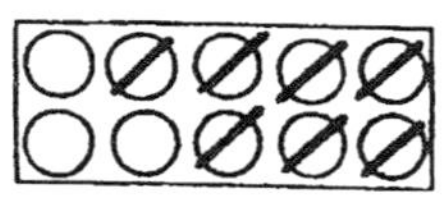 10 - 7 = □	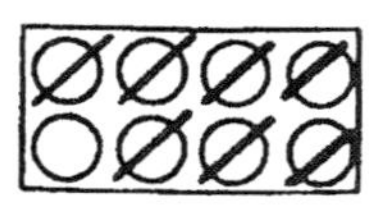 8 - 7 = □
 9 - 9 = □	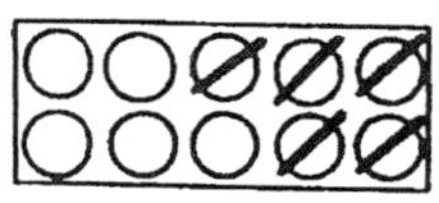 10 - 5 = □	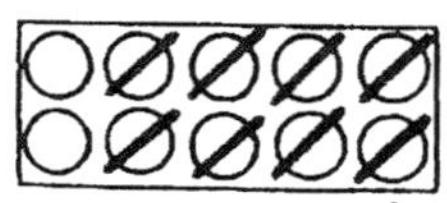 10 - 8 = □
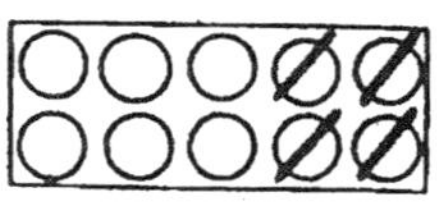 10 - 4 = □	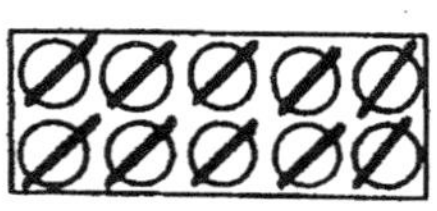 10 - 10 = □	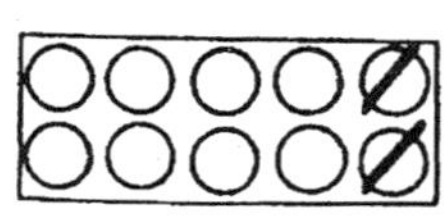 10 - 2 = □

Rechne und male!

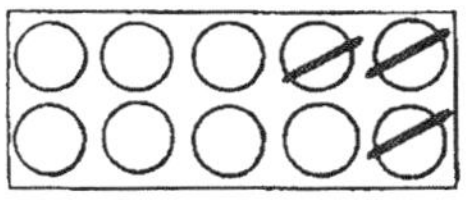

10 - 3 = ☐

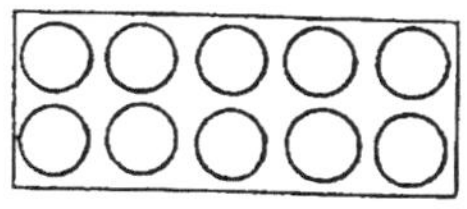

10 - 1 = ☐

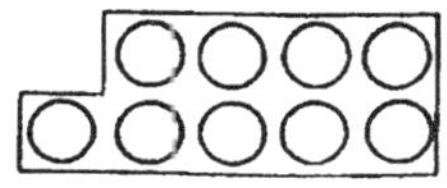

9 - 2 = ☐

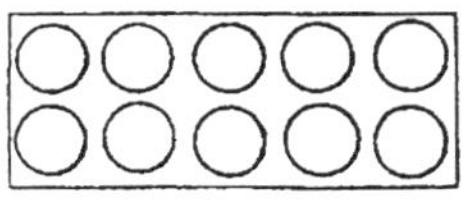

10 - 6 = ☐

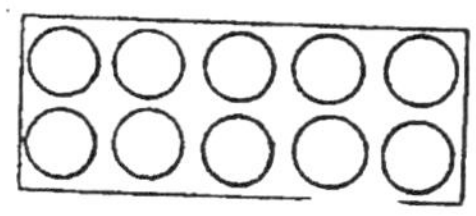

10 - 5 = ☐

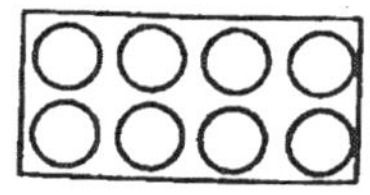

8 - 4 = ☐

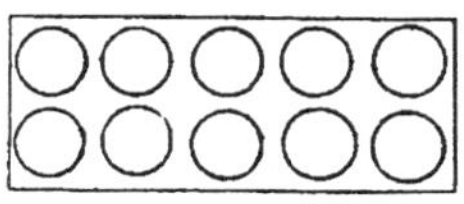

10 - 2 = ☐

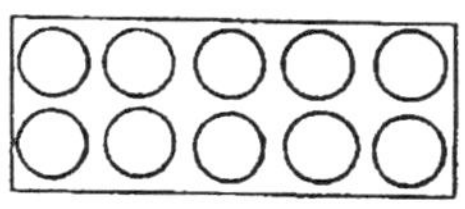

10 - 9 = ☐

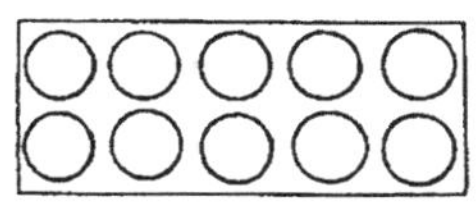

10 - 4 = ☐

Male die Rechnung!

10 - 9 = ☐

10 - 4 = ☐

8 - 6 = ☐

10 - 5 = ☐

9 - 7 = ☐

10 - 10 = ☐

10 - 7 = ☐

10 - 8 = ☐

10 - 3 = ☐

Wie heißt die Rechnung?

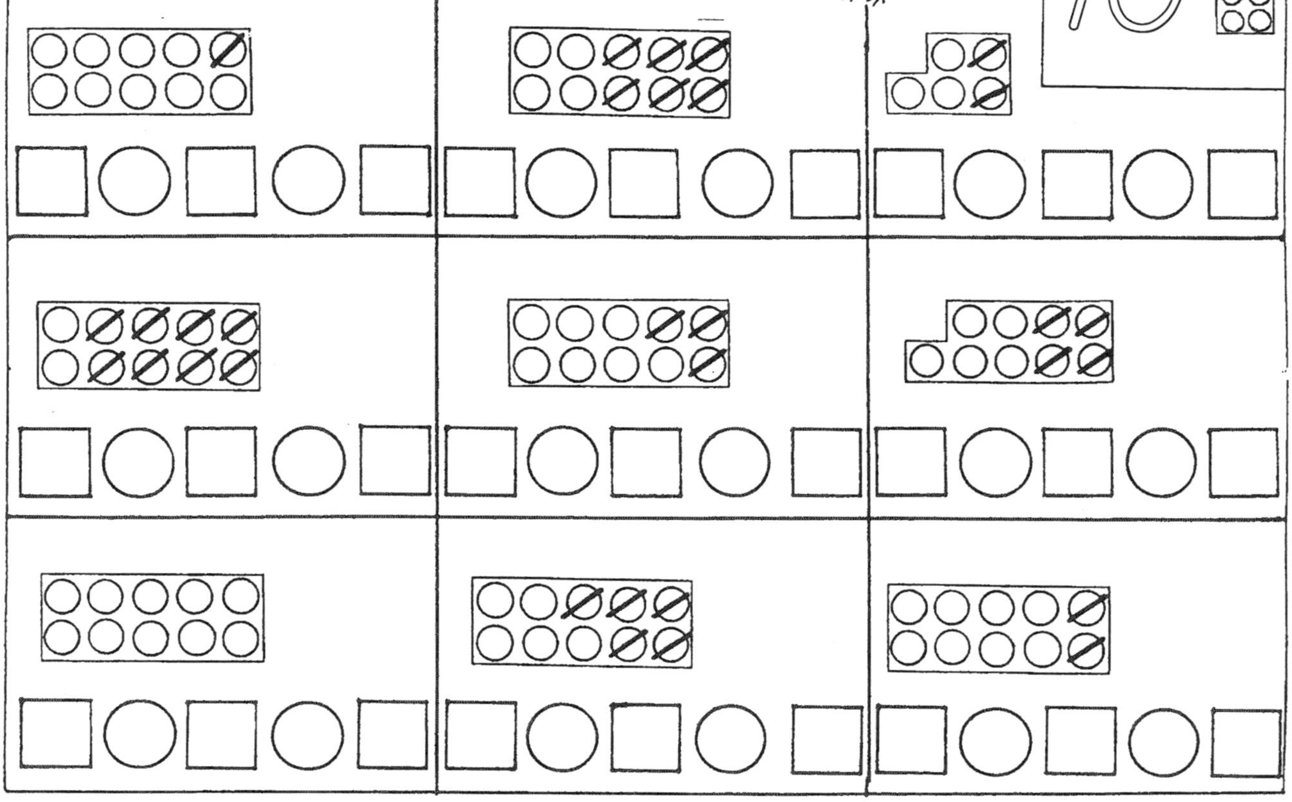

8 - 6 = ☐	10 - 7 = ☐	10 - 6 = ☐
10 - 5 = ☐	7 - 4 = ☐	10 - 2 = ☐
10 - 10 = ☐	10 - 1 = ☐	10 - 9 = ☐
9 - 6 = ☐	10 - 4 = ☐	9 - 7 = ☐
10 - 3 = ☐	8 - 7 = ☐	10 - 8 = ☐
10 - 9 = ☐	7 - 6 = ☐	10 - 5 = ☐
8 - 8 = ☐	10 - 8 = ☐	8 - 6 = ☐
10 - 6 = ☐	10 - 4 = ☐	10 - 7 = ☐
9 - 5 = ☐	10 - 2 = ☐	10 - 3 = ☐
10 - 0 = ☐	9 - 8 = ☐	10 - 1 = ☐

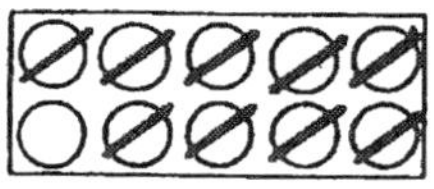

10 - 9 = ☐

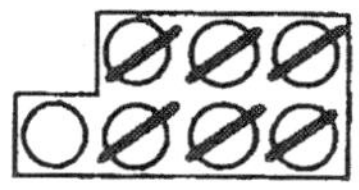

7 - 6 = ☐

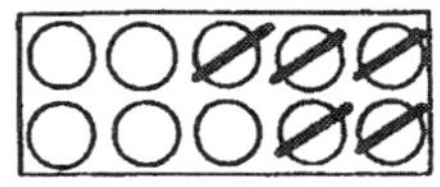

10 - 5 = ☐

8 - 6 = ☐	10 - 7 = ☐	10 - 6 = ☐
10 - 5 = ☐	7 - 4 = ☐	10 - 2 = ☐
10 - 10 = ☐	10 - 1 = ☐	10 - 9 = ☐
9 - 6 = ☐	10 - 4 = ☐	9 - 7 = ☐
10 - 3 = ☐	8 - 7 = ☐	10 - 8 = ☐

10 - 3 - 6 = ☐	10 - 5 - 2 = ☐
8 - 4 - 2 = ☐	10 - 0 - 6 = ☐
10 - 7 - 3 = ☐	7 - 3 - 4 = ☐
9 - 6 - 1 = ☐	10 - 6 - 2 = ☐

Male richtig an!

0 = weiß
1 = schwarz
2 = blau
3 = orange
4 = gelb
5 = dunkelgrün
6 = hellgrün
7 = mittelgrün
8 = rot
9 = braun
10 = hellblau

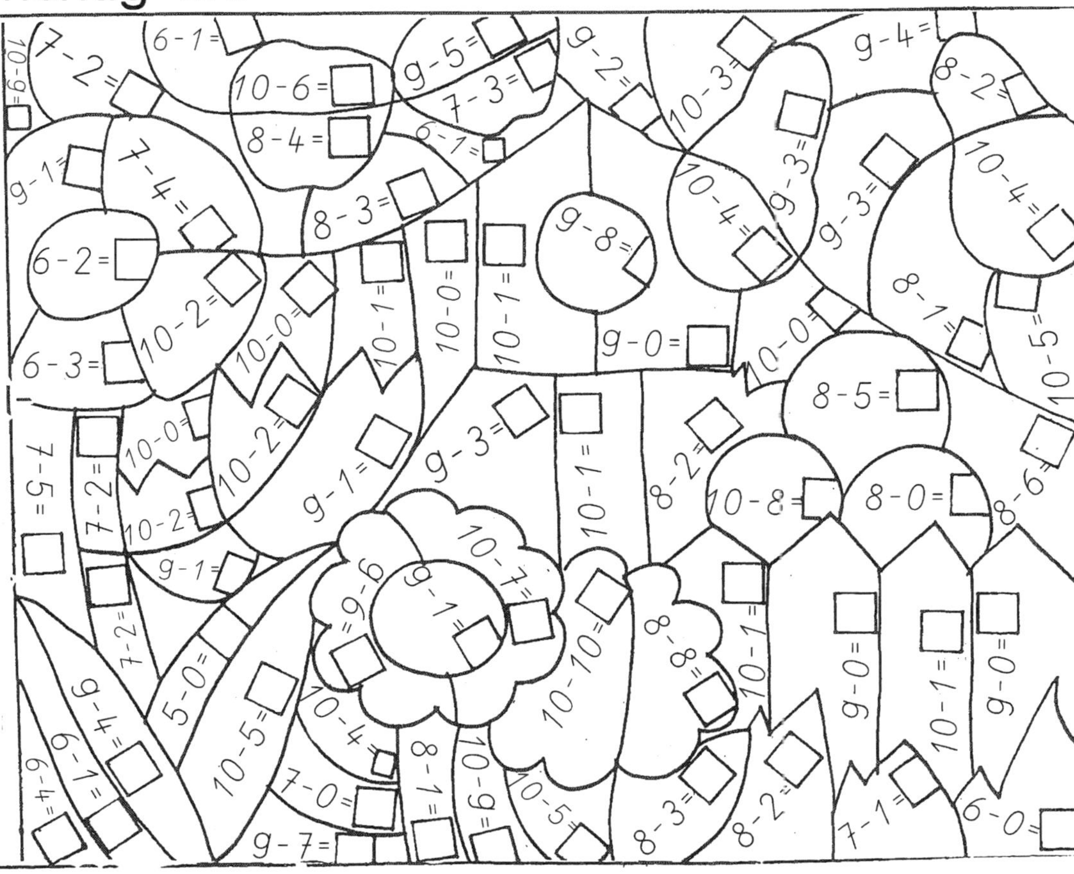

Was passiert? + oder - ?

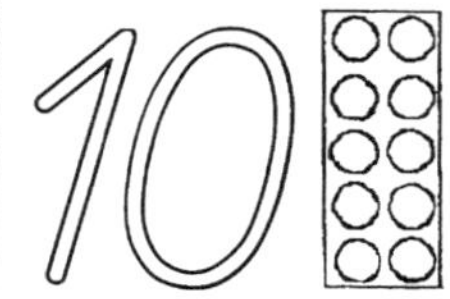

7 + 3 = □

10 - 1 = □

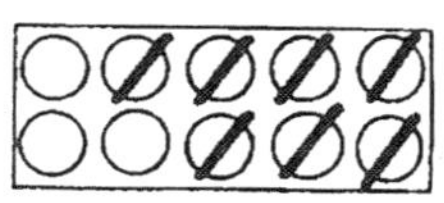

□ ○ □ ○ □

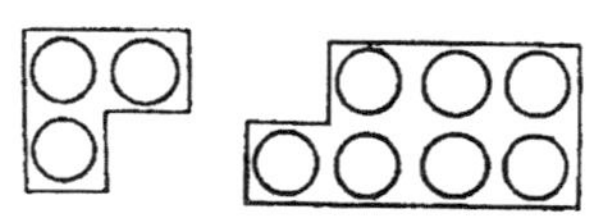

□ ○ □ ○ □

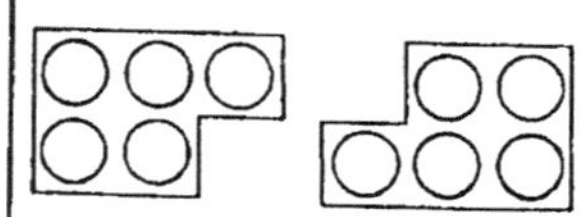

□ ○ □ ○ □

Male zur Rechnung!

4 + 6 = □	10 - 6 = □	10 - 9 = □
2 + 7 = □	3 + 6 = □	2 + 8 = □
9 - 4 = □	10 - 8 = □	10 - 0 = □

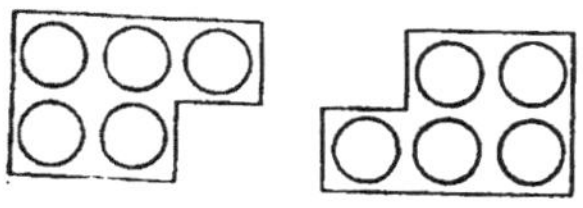 5 + 5 = ☐	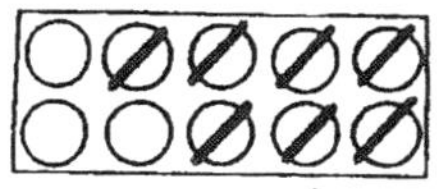 10 − 7 = ☐	10 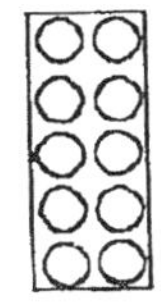
10 − 8 = ☐	7 + 3 = ☐	10 − 2 = ☐
3 + 7 = ☐	9 − 6 = ☐	2 + 8 = ☐
10 − 3 = ☐	0 + 10 = ☐	1 + 7 = ☐

+ oder − ?

8 ○ 2 = 10	4 ○ 6 = 10	7 ○ 7 = 0
10 ○ 7 = 3	4 ○ 3 = 7	10 ○ 6 = 4
1 ○ 9 = 10	10 ○ 4 = 6	6 ○ 4 = 10
10 ○ 0 = 10	10 ○ 0 = 10	10 ○ 10 = 0

7 + 3 = ☐	10 − 8 = ☐	9 + 1 = ☐	7 − 7 = ☐
10 − 9 = ☐	3 + 7 = ☐	10 − 6 = ☐	9 − 7 = ☐
4 + 6 = ☐	10 − 3 = ☐	6 + 4 = ☐	8 + 2 = ☐
4 + 3 = ☐	4 + 4 = ☐	10 − 10 = ☐	10 − 7 = ☐
10 − 4 = ☐	9 − 6 = ☐	1 + 7 = ☐	1 + 9 = ☐
10 + 0 = ☐	0 + 10 = ☐	10 − 5 = ☐	10 − 0 = ☐
5 + 5 = ☐	10 − 1 = ☐	2 + 8 = ☐	10 − 2 = ☐

Zerlege und rechne!

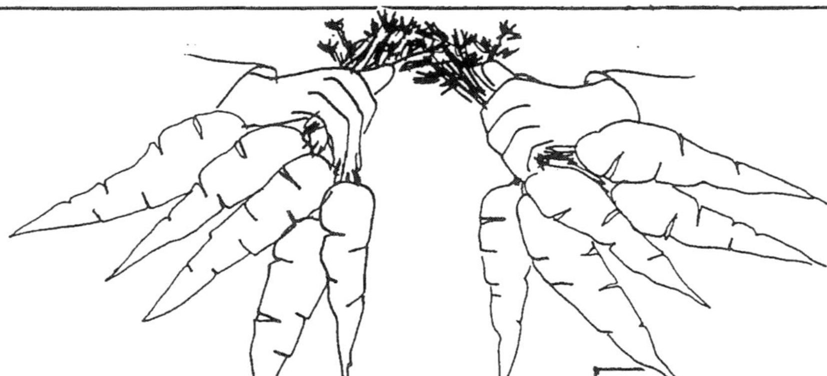

10 = 5 + □

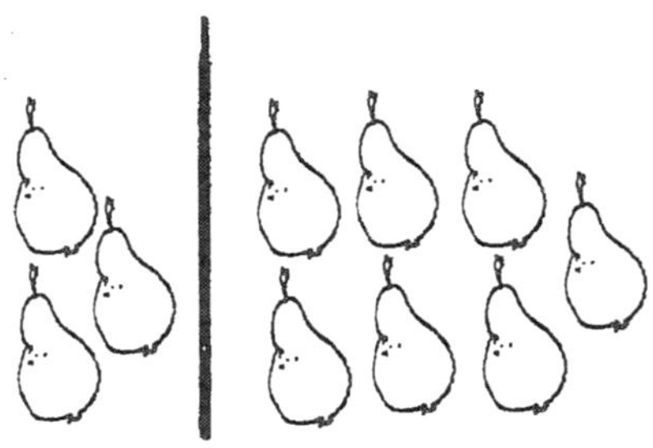		
10 = 3 + □	10 = 6 + □	10 = 2 + □

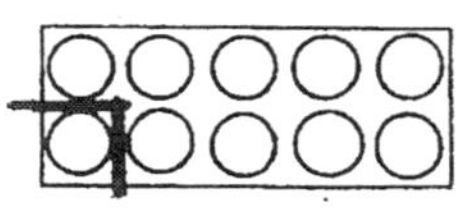	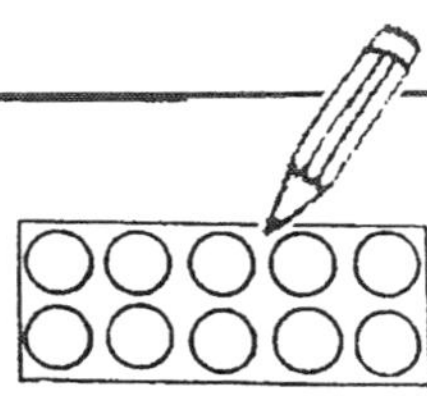	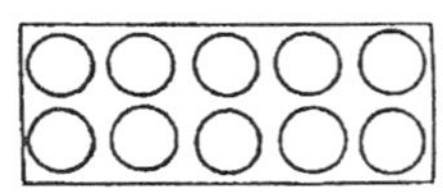
10 = 1 + □	10 = □ + 3	10 = □ + 5
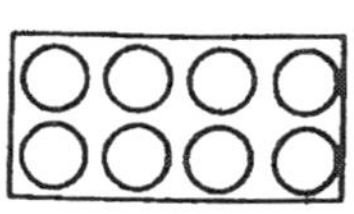	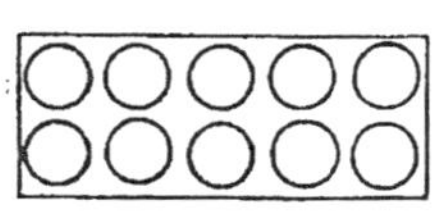	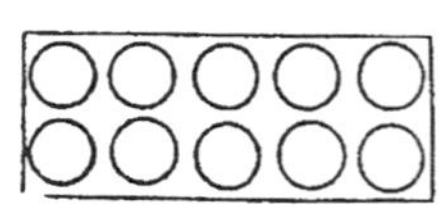
8 = 2 + □	10 = 0 + □	10 = 4 + □
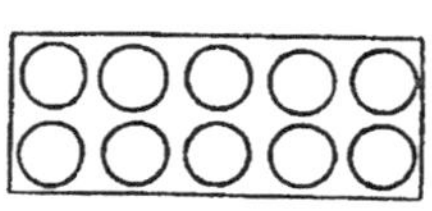	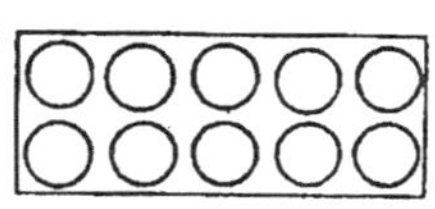	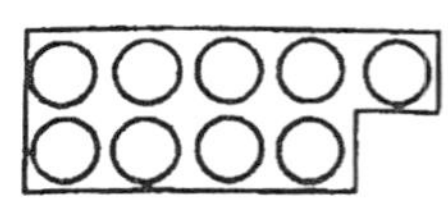
10 = □ + 7	10 = □ + 1	9 = 6 + □

Male die Rechnung!

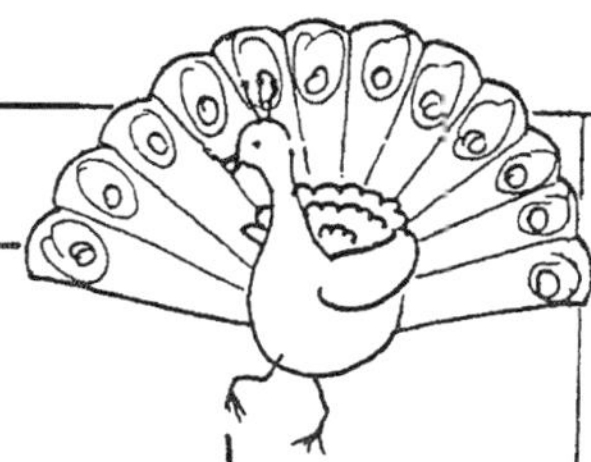

10 = □ + 2	10 = 9 + □	
9 = 5 + □	10 = □ + 6	10 = 5 + □
10 = 3 + □	10 = 6 + □	10 = 4 + □

Wie heißt die Rechnung?

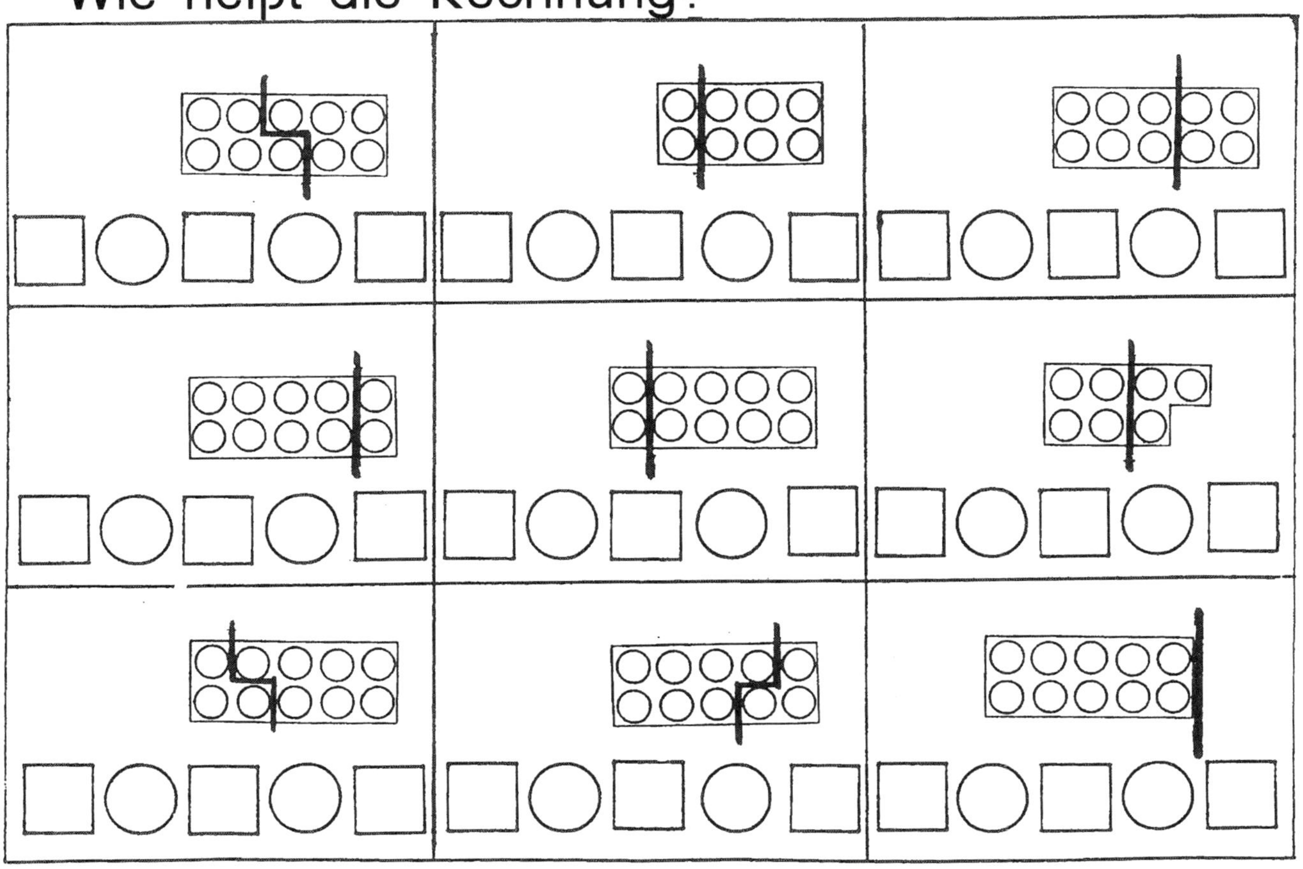

10 = 7 + □	10 = □ + 4	10
8 = □ + 4	10 = □ + 5	10 = 4 + □
10 = 0 + □	9 = 2 + □	7 = □ + 1
10 = □ + 0	10 = 7 + □	10 = □ + 3
6 = □ + 1	9 = □ + 5	10 = 2 + □
10 = 8 + □	10 = 6 + □	7 = 5 + □
9 = 9 + □	10 = 3 + □	10 = □ + 1
10 = □ + 8	10 = □ + 6	6 = □ + 4
10 = 10 + □	9 = 3 + □	10 = 5 + □

Wie viele fehlen?

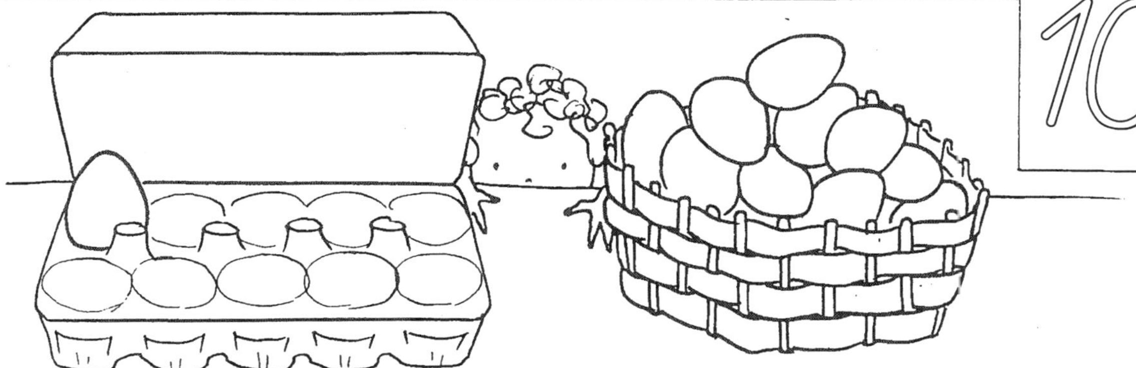

1 + □ = 10

2 + □ = 8

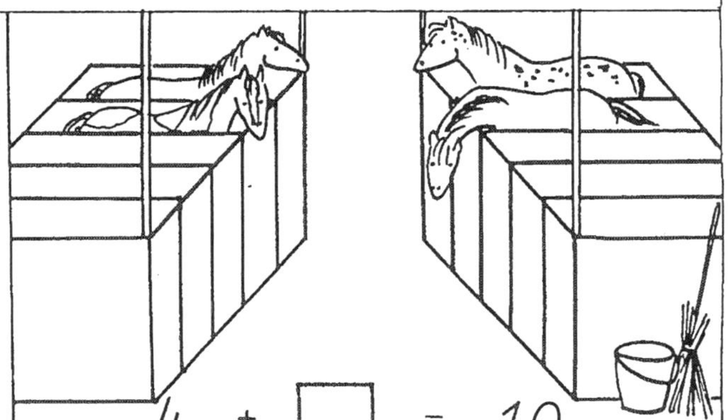

4 + □ = 10

Wie viele Kugeln fehlen?

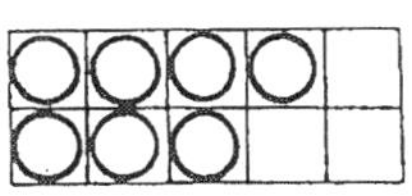

7 + □ = 10

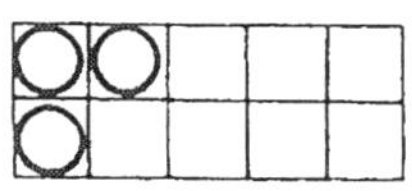

3 + □ = 10

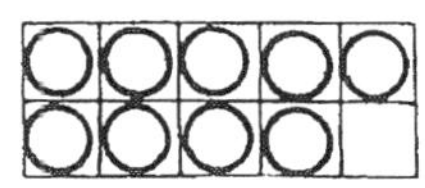

9 + □ = 10

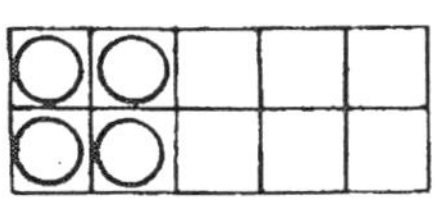

4 + □ = 10

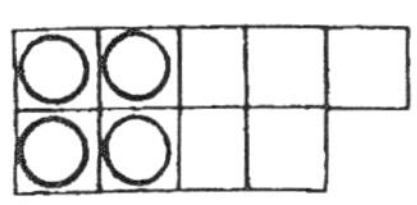

4 + □ = 9

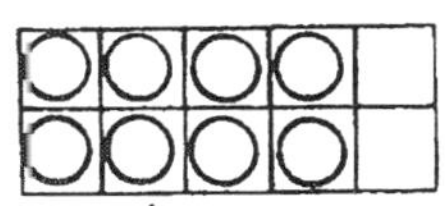

8 + □ = 10

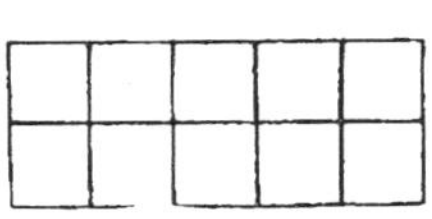

0 + □ = 10

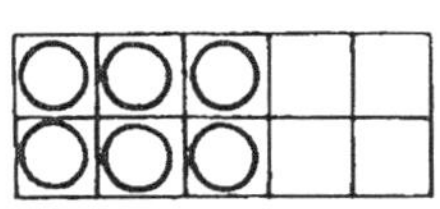

6 + □ = 10

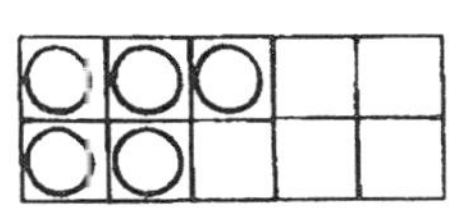

5 + □ = 10

Male mit 2 Farben zur Rechnung!

10

4 + ☐ = 10	3 + ☐ = 10	2 + ☐ = 6
10 + ☐ = 10	1 + ☐ = 10	9 + ☐ = 10
7 + ☐ = 10	5 + ☐ = 10	2 + ☐ = 10

Wie heißt die Rechnung?

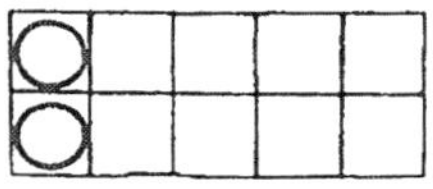 $2 + \square = 10$	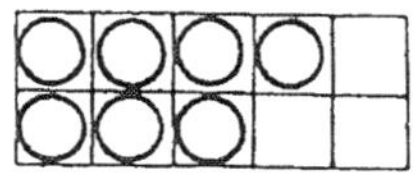 $7 + \square = 10$	

$3 + \square = 10$	$10 + \square = 10$	$6 + \square = 9$
$9 + \square = 10$	$4 + \square = 10$	$5 - \square = 10$
$7 + \square = 10$	$2 + \square = 10$	$1 + \square = 10$

$5 + \square = 10$	$9 + \square = 10$	$0 + \square = 7$
$3 + \square = 8$	$7 + \square = 10$	$6 + \square = 10$
$8 + \square = 10$	$4 + \square = 9$	$1 + \square = 10$
$3 + \square = 10$	$6 + \square = 8$	
$2 + \square = 9$	$4 + \square = 10$	

$3 + \square = 6$	$5 + \square = 10$	$3 + \square = 10$
$10 + \square = 10$	$1 + \square = 9$	$9 + \square = 10$
$4 + \square = 10$	$1 + \square = 10$	$2 + \square = 8$
$6 + \square = 9$	$2 + \square = 7$	$0 + \square = 10$
$2 + \square = 10$	$6 + \square = 10$	$7 + \square = 10$

$6 + \square = 8$	$1 + \square = 10$	$4 + \square = 9$
$2 + \square = 9$	$5 + \square = 10$	$8 + \square = 10$
$3 + \square = 10$	$6 + \square = 10$	$4 + \square = 10$
$0 + \square = 10$	$3 + \square = 8$	$0 + \square = 7$
$9 + \square = 10$	$0 + \square = 10$	$2 + \square = 10$

Was passiert? + / − /  / 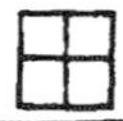

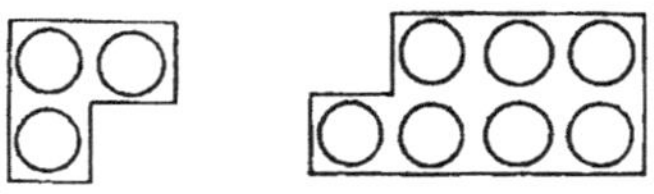 $3 + 7 = ☐$	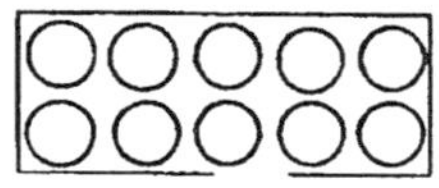 $10 = 1 + ☐$	
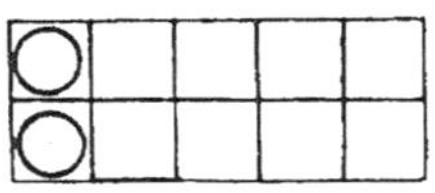 $2 + ☐ = 10$	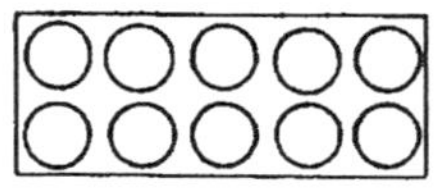 $10 - 6 = ☐$	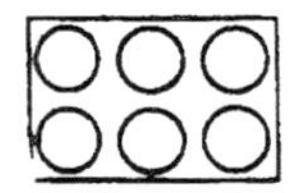 $6 = 2 + ☐$
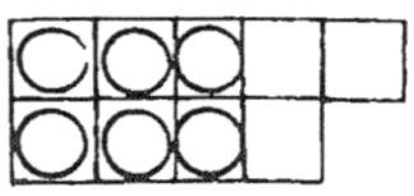 $6 + ☐ = 9$	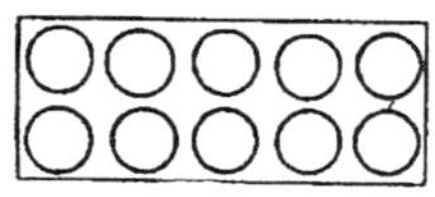 $10 - 4 = ☐$	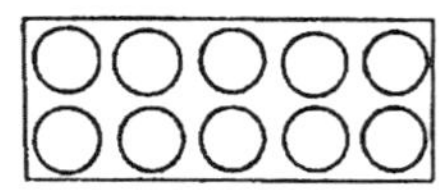 $10 = ☐ + 7$

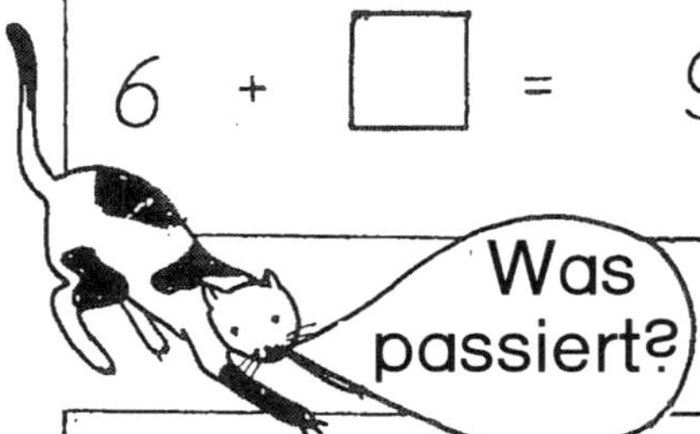

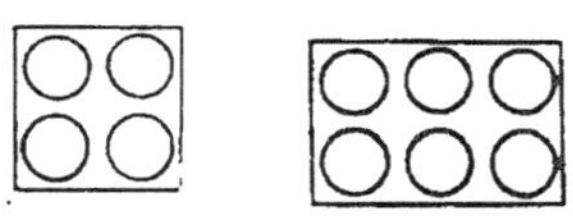 ☐ ○ ☐ ○ ☐	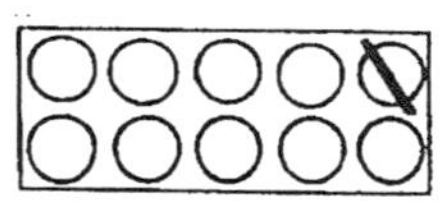 ☐ ○ ☐ ○ ☐	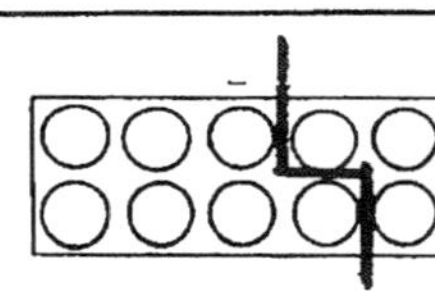 ☐ ○ ☐ ○ ☐
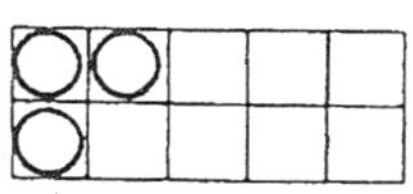 ☐ ○ ☐ ○ ☐	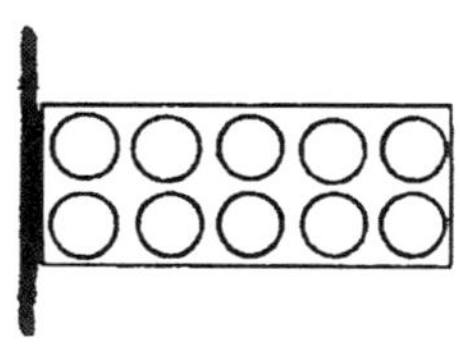 ☐ ○ ☐ ○ ☐	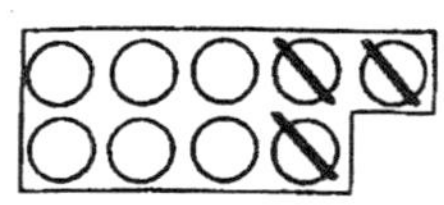 ☐ ○ ☐ ○ ☐
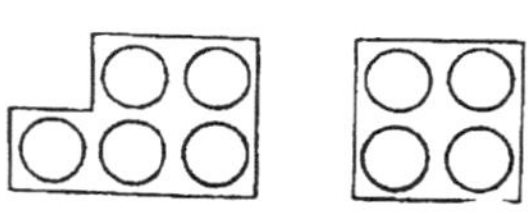 ☐ ○ ☐ ○ ☐	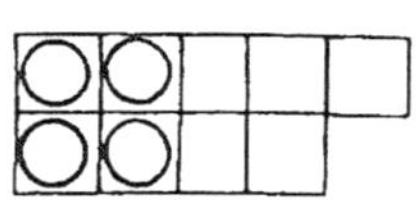 ☐ ○ ☐ ○ ☐	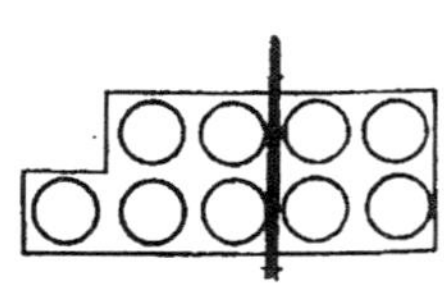 ☐ ○ ☐ ○ ☐

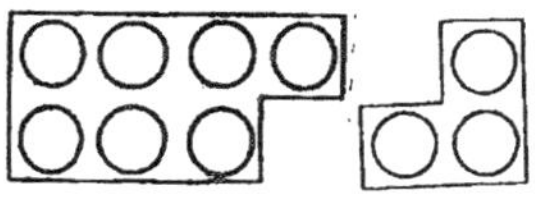

7 + 3 = □

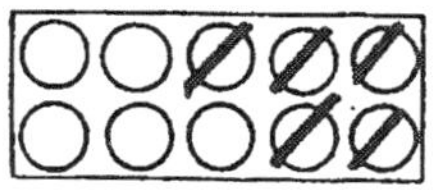

10 − 5 = □

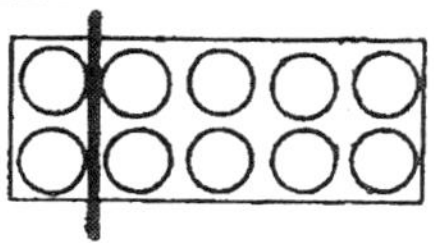

10 = 2 + □

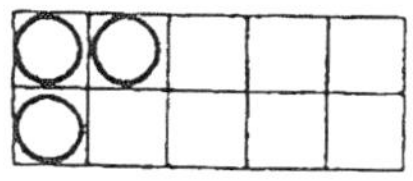

3 + □ = 10

0 + □ = 10
10 = □ + 6
6 + □ = 9

8 − 6 = □
5 + □ = 10
10 − 8 = □
10 = 4 + □
1 + 8 = □

4 + □ = 9
8 + 2 = □
8 = 3 + □
10 − 2 = □
7 + 2 = □

9 − 6 = □
10 = □ + 2
3 + □ = 7
3 + 7 = □
7 + □ = 10

Male richtig an!

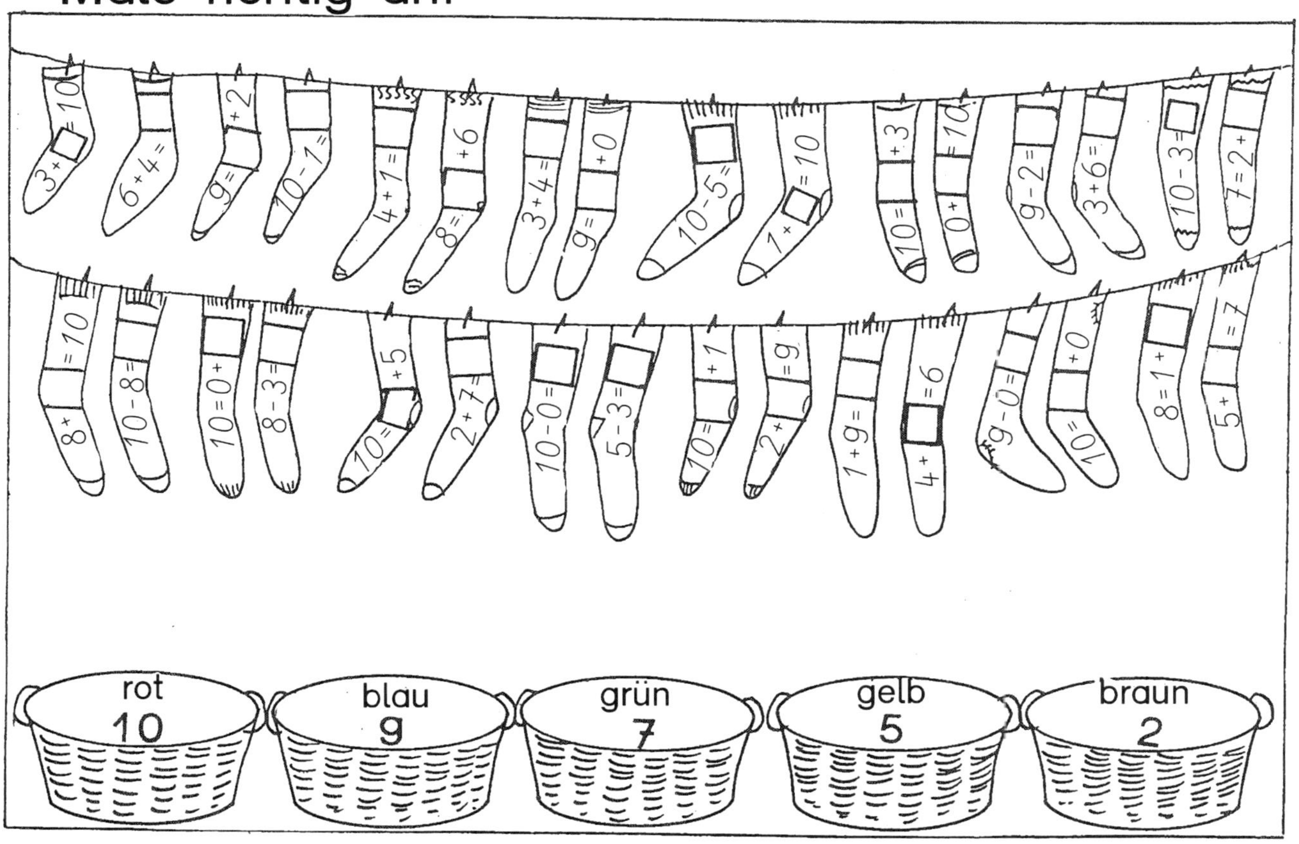

Verdoppeln

10

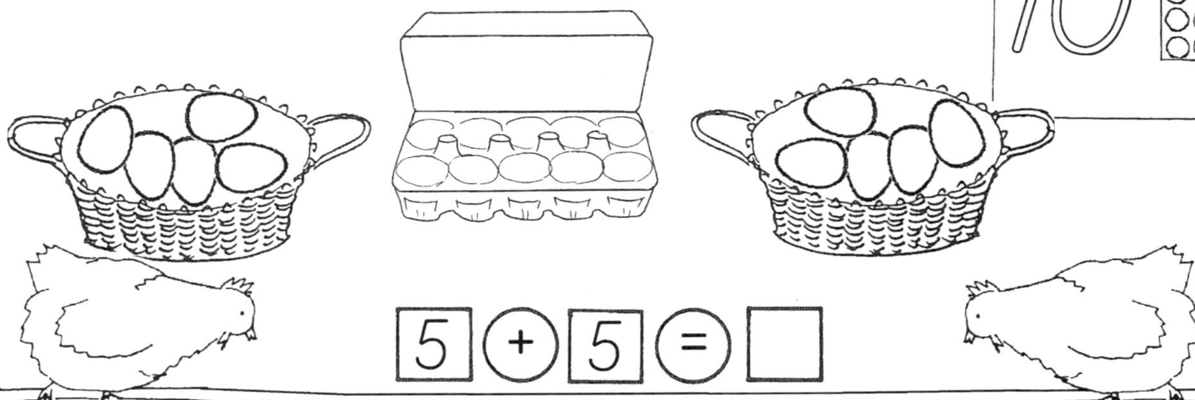

5 + 5 = ☐

2 + ☐ = ☐	4 + ☐ = ☐
0 + ☐ = ☐	1 + ☐ = ☐
3 + ☐ = ☐	5 + ☐ = ☐

Halbieren

8 = ☐ + ☐

6 = ☐ + ☐	4 = ☐ + ☐
0 = ☐ + ☐	2 = ☐ + ☐
10 = ☐ + ☐	8 = ☐ + ☐

Tauschaufgaben

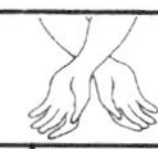

3 (+) 7 (=) □

7 (+) 3 (=) □

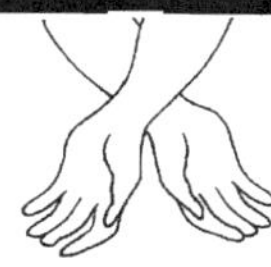

8 + 2 = □   □ ○ □ ○ □

5 + 5 = □   □ ○ □ ○ □

4 + 5 = □   □ ○ □ ○ □

6 + 4 = □   □ ○ □ ○ □

Umkehraufgaben

□ ○ □ ○ □

□ ○ □ ○ □

10 (−) 1 (=) □

10 (−) 4 (=) □

10 (−) 0 (=) □

10 (−) 3 (=) □

□ (+) □ ○ (=)

□ ○ □ ○ □

□ ○ □ ○ □

□ ○ □ ○ □

Rechengeschichten

10

Auf der Weide grasen 5 Kühe.
Auch 3 Pferde dürfen auf die Weide.
Wie viele Tiere sind jetzt auf der Weide?

Wir rechnen: □ ○ □ ○ □

Wir antworten:

10 Enten schwimmen auf dem Teich.
3 Enten watscheln dann davon.
Wie viele Enten bleiben im Teich?

Wir rechnen: □ ○ □ ○ □

Wir antworten:

9 Säcke stehen auf dem Wagen.
Die Bäuerin trägt 2 Säcke in die Scheune.
Wie viele Säcke stehen jetzt auf dem Wagen?

Wir rechnen: □ ○ □ ○ □

Wir antworten:

6 Hennen sitzen schon auf der Stange.
Der Hahn und 3 Hennen kommen dazu.
Wie viele Tiere sitzen jetzt auf der Stange?

Wir rechnen: □ ○ □ ○ □ ○ □

Wir antworten: